Miséricorde

Pape François

Miséricorde

bayard

18, rue Barbès, 92128 Montrouge Cedex (France)
ISBN : 978-2-227-48869-4

Grandir dans la conviction de la miséricorde

Frères et sœurs,

D'ici peu, j'aurai la joie d'ouvrir la Porte sainte de la miséricorde. Nous accomplissons ce geste, aussi simple que fortement symbolique, à la lumière de la parole de Dieu que nous avons écoutée, et qui place au premier plan le primat de la grâce. Ce qui revient plusieurs fois dans ces Lectures, en effet, renvoie à l'expression que l'ange Gabriel adresse à une jeune fille, surprise et troublée, indiquant le mystère qui l'envelopperait : « Je te salue, comblée-de-grâce » (Lc 1,28).

La Vierge Marie est appelée surtout à se réjouir de ce que le Seigneur a accompli en elle. La grâce de Dieu l'a enveloppée, la rendant digne de devenir mère du Christ. Lorsque Gabriel entre dans sa maison, le mystère le plus profond qui va au-delà de toute capacité de la raison devient pour elle motif de joie, de foi et d'abandon à la parole qui lui est révélée. La plénitude de la grâce est en mesure de transformer le cœur, et le rend capable d'accomplir un acte tellement grand qu'il change l'histoire de l'humanité.

La fête de l'Immaculée Conception exprime la grandeur de l'amour de Dieu. Il est non seulement celui qui pardonne le péché, mais en Marie, il va jusqu'à prévenir la faute originelle, que tout homme porte en lui en entrant dans ce monde. C'est l'amour de Dieu qui devance, qui anticipe et qui sauve. Le début de l'histoire du péché dans le jardin d'Éden se conclut dans le projet d'un amour qui sauve. Les paroles de la Genèse renvoient à l'expérience quotidienne que nous découvrons dans notre existence personnelle. Il y a toujours la tentation de la désobéissance qui s'exprime dans le fait de vouloir envisager notre vie indépendamment de la volonté de Dieu. C'est cela l'inimitié qui tente continuellement la vie des hommes pour les opposer au dessein de Dieu.

Pourtant, même l'histoire du péché n'est compréhensible qu'à la lumière de l'amour qui pardonne. Si tout restait cantonné au péché, nous serions les plus désespérées des créatures, alors que la promesse de la victoire de l'amour du Christ enferme tout dans la miséricorde du Père. La parole de Dieu que nous avons entendue ne laisse pas de doute à ce sujet. La Vierge Immaculée est devant nous un témoin privilégié de cette promesse et de son accomplissement.

Cette Année sainte extraordinaire est aussi un don de grâce. Entrer par cette Porte signifie découvrir la profondeur de la miséricorde du Père qui nous accueille tous et va à la rencontre de chacun personnellement. Ce sera une année pour grandir dans la conviction de la miséricorde.

Que de tort est fait à Dieu et à sa grâce lorsqu'on affirme avant tout que les péchés sont punis par son jugement, sans mettre en avant au contraire qu'ils sont pardonnés par sa miséricorde (*cf.* Augustin, *De praedestinatione sanctorum*, 12, 24) ! Oui, c'est vraiment ainsi. Nous devons faire passer la miséricorde avant le jugement, et dans tous les cas, le jugement de Dieu sera toujours à la lumière de sa miséricorde. Traverser la Porte sainte nous fait donc nous sentir participants de ce mystère d'amour. Abandonnons toute forme de peur et de crainte, parce que cela ne sied pas à celui qui est aimé ; vivons plutôt la joie de la rencontre avec la grâce qui transforme tout.

Aujourd'hui en franchissant la Porte sainte, nous voulons aussi rappeler une autre porte que, il y a cinquante ans, les Pères du concile Vatican II ont ouverte vers le monde. Cette échéance ne peut pas être rappelée seulement pour la richesse des documents produits, qui jusqu'à nos jours permettent de vérifier le grand progrès accompli dans la foi. Mais, en premier lieu, le Concile a été une rencontre.

Une véritable rencontre entre l'Église et les hommes de notre temps. Une rencontre marquée par la force de l'Esprit qui poussait son Église à sortir des obstacles qui pendant de nombreuses années l'avaient refermée sur elle-même, pour reprendre avec enthousiasme le chemin missionnaire. C'était la reprise d'un parcours pour aller à la rencontre de tout homme là où il vit : dans sa ville, dans sa maison, sur son lieu de travail… partout où il y a une personne, l'Église est appelée à la rejoindre pour lui apporter la joie de l'Évangile. Une poussée missionnaire, donc, qu'après ces décennies nous reprenons avec la même force et le même enthousiasme. Le Jubilé nous provoque à cette ouverture et nous oblige à ne pas négliger l'esprit qui a jailli de Vatican II, celui du Samaritain, comme l'a rappelé le bienheureux Paul VI lors de la conclusion du Concile.

Franchir la Porte sainte nous engage à faire nôtre la miséricorde du bon Samaritain.

Homélie de la messe d'ouverture du jubilé de la miséricorde.
Rome, 8 décembre 2015

I

La miséricorde, cœur battant de l'Évangile

Misericordiae vultus
Bulle d'indiction du jubilé extraordinaire de la miséricorde

1. Jésus Christ est le visage de la miséricorde du Père. Le mystère de la foi chrétienne est là tout entier. Devenue vivante et visible, elle atteint son sommet en Jésus de Nazareth. Le Père, « riche en miséricorde » (Ep 2,4), après avoir révélé son nom à Moïse comme « Dieu tendre et miséricordieux, lent à la colère, plein d'amour et de vérité » (Ex 34,6), n'a pas cessé de faire connaître sa nature divine de différentes manières et en de nombreux moments. Lorsqu'est venue la « plénitude des temps » (Ga 4,4), quand tout fut disposé selon son dessein de salut, il envoya son Fils né de la Vierge Marie pour nous révéler de façon définitive son amour. Qui le voit a vu le Père (*cf.* Jn 14,9). À travers sa parole, ses gestes et toute sa personne[1], Jésus de Nazareth révèle la miséricorde de Dieu.

2. Nous avons toujours besoin de contempler le mystère de la miséricorde. Elle est source de joie, de sérénité et de paix. Elle est la condition de notre salut. Miséricorde est le mot qui révèle le mystère de la Sainte Trinité. La miséricorde, c'est l'acte ultime et suprême par lequel Dieu vient à notre rencontre. La miséricorde, c'est la loi fondamentale qui habite le cœur de chacun lorsqu'il jette un regard sincère sur le frère qu'il rencontre sur le chemin de la vie. La miséricorde, c'est le chemin qui unit Dieu et l'homme, pour qu'il

1. *Cf.* Conc. œcum. Vat. II, Const. dogm. *Dei Verbum*, n° 4.

ouvre son cœur à l'espérance d'être aimé pour toujours malgré les limites de son péché.

3. Il y a des moments où nous sommes appelés de façon encore plus pressante à fixer notre regard sur la miséricorde, afin de devenir nous aussi signe efficace de l'agir du Père. C'est la raison pour laquelle j'ai voulu ce *Jubilé extraordinaire de la Miséricorde*, comme un temps favorable pour l'Église, afin que le témoignage rendu par les croyants soit plus fort et plus efficace.

L'année sainte s'ouvrira le 8 décembre 2015, solennité de l'Immaculée Conception. Cette fête liturgique montre comment Dieu agit dès le commencement de notre histoire. Après qu'Adam et Ève eurent péché, Dieu n'a pas voulu que l'humanité demeure seule et en proie au mal. C'est pourquoi Marie a été pensée et voulue sainte et immaculée dans l'amour (*cf.* Ep 1,4), pour qu'elle devienne la Mère du Rédempteur de l'homme. Face à la gravité du péché, Dieu répond par la plénitude du pardon. La miséricorde sera toujours plus grande que le péché, et nul ne peut imposer une limite à l'amour de Dieu qui pardonne. En cette fête de l'Immaculée Conception, j'aurai la joie d'ouvrir la porte sainte. En cette occasion, ce sera une *porte de la Miséricorde*, où quiconque entrera pourra faire l'expérience de l'amour de Dieu qui console, pardonne et donne l'espérance. [...]

4. J'ai choisi la date du 8 décembre pour la signification qu'elle revêt dans l'histoire récente de l'Église. Ainsi, j'ouvrirai la porte sainte pour le cinquantième anniversaire de la conclusion du Concile œcuménique Vatican II. L'Église ressent le besoin de garder vivant cet événement. Commençait alors pour elle une nouvelle étape de son histoire. Les Pères du Concile avaient perçu vivement, tel un souffle de l'Esprit, qu'il fallait parler de Dieu aux hommes de leur temps de façon plus compréhensible. Les murailles qui avaient trop longtemps enfermé l'Église comme dans une citadelle ayant été abattues, le temps

était venu d'annoncer l'Évangile de façon renouvelée. Étape nouvelle pour l'évangélisation de toujours. Engagement nouveau de tous les chrétiens à témoigner avec plus d'enthousiasme et de conviction de leur foi. L'Église se sentait responsable d'être dans le monde le signe vivant de l'amour du Père.

Les paroles riches de sens que saint Jean XXIII a prononcées à l'ouverture du Concile pour montrer le chemin à parcourir reviennent en mémoire : « Aujourd'hui, l'Épouse du Christ, l'Église, préfère recourir au remède de la miséricorde plutôt que de brandir les armes de la sévérité [...]. L'Église catholique, en brandissant le flambeau de la vérité religieuse, veut se montrer la mère très aimante de tous, bienveillante, patiente, pleine d'indulgence et de bonté à l'égard de ses fils séparés[1]. » Dans la même perspective, lors de la conclusion du Concile, le bienheureux Paul VI s'exprimait ainsi : « Nous voulons plutôt souligner que la règle de notre Concile a été avant tout la charité [...]. La vieille histoire du Bon Samaritain a été le modèle et la règle de la spiritualité du Concile. [...] Un courant d'affection et d'admiration a débordé du Concile sur le monde humain moderne. Des erreurs ont été dénoncées. Oui, parce que c'est l'exigence de la charité comme de la vérité mais, à l'adresse des personnes, il n'y eut que rappel, respect et amour. Au lieu de diagnostics déprimants, des remèdes encourageants ; au lieu de présages funestes, des messages de confiance sont partis du Concile vers le monde contemporain : ses valeurs ont été non seulement respectées, mais honorées ; ses efforts soutenus, ses aspirations purifiées et bénies. [...] Toute cette richesse doctrinale ne vise qu'à une chose : servir l'homme. Il s'agit, bien entendu, de tout homme, quels que soient sa condition, sa misère et ses besoins[2]. »

1. Jean XXIII, Discours d'ouverture du Concile œcuménique Vatican II *Gaudet Mater Ecclesia*, 11 octobre 1962, n°s 2-3.

2. Paul VI, Discours de clôture du Concile œcuménique Vatican II, 7 décembre 1965.

Animés par des sentiments de gratitude pour tout ce que l'Église a reçu, et conscients de la responsabilité qui est la nôtre, nous passerons la porte sainte sûrs d'être accompagnés par la force du Seigneur ressuscité qui continue de soutenir notre pèlerinage. Que l'Esprit saint qui guide les pas des croyants pour coopérer à l'œuvre du salut apporté par le Christ conduise et soutienne le Peuple de Dieu pour l'aider à contempler le visage de la miséricorde[1].

5. C'est le 20 novembre 2016, en la solennité liturgique du Christ Roi de l'Univers, que sera conclue l'année jubilaire. En refermant la porte sainte ce jour-là, nous serons animés de sentiments de gratitude et d'action de grâce envers la Sainte Trinité qui nous aura donné de vivre ce temps extraordinaire de grâce. Nous confierons la vie de l'Église, l'humanité entière et tout le cosmos à la Seigneurie du Christ, pour qu'il répande sa miséricorde telle la rosée du matin, pour une histoire féconde à construire moyennant l'engagement de tous au service de notre proche avenir. Combien je désire que les années à venir soient comme imprégnées de miséricorde pour aller à la rencontre de chacun en lui offrant la bonté et la tendresse de Dieu ! Qu'à tous, croyants ou loin de la foi, puisse parvenir le baume de la miséricorde comme signe du Règne de Dieu déjà présent au milieu de nous.

6. « La miséricorde est le propre de Dieu dont la toute-puissance consiste justement à faire miséricorde[2]. » Ces paroles de saint Thomas d'Aquin montrent que la miséricorde n'est pas un signe de faiblesse, mais bien l'expression de la toute-puissance de Dieu. C'est pourquoi une des plus antiques collectes de la liturgie nous fait prier ainsi : « Dieu qui donnes la preuve suprême de ta puissance lorsque

1. *Cf.* Conc. œcum. Vat. II, Const. dogm. *Lumen gentium*, n° 16 ; Const. past. *Gaudium et spes*, n° 15.

2. Saint Thomas d'Aquin, *Summa Theologiae*, II-II, q. 30, a. 4.

tu patientes et prends pitié[1]. » Dieu sera toujours dans l'histoire de l'humanité comme celui qui est présent, proche, prévenant, saint et miséricordieux.

« Patient et miséricordieux », tel est le binôme qui parcourt l'Ancien Testament pour exprimer la nature de Dieu. Sa miséricorde se manifeste concrètement à l'intérieur de tant d'événements de l'histoire du salut où sa bonté prend le pas sur la punition ou la destruction. D'une façon particulière, les Psaumes font apparaître cette grandeur de l'agir divin : « Car il pardonne toutes tes offenses et te guérit de toute maladie ; il réclame ta vie à la tombe et te couronne d'amour et de tendresse » (Ps 102,3-4). D'une façon encore plus explicite, un autre psaume énonce les signes concrets de la miséricorde : « Il fait justice aux opprimés ; aux affamés, il donne le pain ; le Seigneur délie les enchaînés. Le Seigneur ouvre les yeux des aveugles, le Seigneur redresse les accablés, le Seigneur aime les justes, le Seigneur protège l'étranger. Il soutient la veuve et l'orphelin, il égare les pas du méchant » (145,7-9). Voici enfin une autre expression du Psalmiste : « [Le Seigneur] guérit les cœurs brisés et soigne leurs blessures… Le Seigneur élève les humbles et rabaisse jusqu'à terre les impies » (146,3.6). En bref, la miséricorde de Dieu n'est pas une idée abstraite, mais une réalité concrète à travers laquelle Il révèle son amour comme celui d'un père et d'une mère qui se laissent émouvoir au plus profond d'eux-mêmes par leur fils. Il est juste de parler d'un amour « viscéral ». Il vient du cœur comme un sentiment profond, naturel, fait de tendresse et de compassion, d'indulgence et de pardon.

7. « Éternel est son amour » : c'est le refrain qui revient à chaque verset du psaume 135 dans le récit de l'histoire de la révélation de Dieu. En raison de la miséricorde, tous les événements de l'Ancien Testament sont riches d'une grande valeur salvifique. La miséricorde

1. Prière d'ouverture du XXVIe dimanche du temps ordinaire. Cette prière apparaît dès le VIIIe siècle dans les textes eucologiques du sacramentaire gélasien, 1198.

fait de l'histoire de Dieu avec Israël une histoire du salut. Répéter sans cesse « Éternel est son amour » comme fait le psaume semble vouloir briser le cercle de l'espace et du temps pour tout inscrire dans le mystère éternel de l'amour. C'est comme si l'on voulait dire que non seulement dans l'histoire, mais aussi dans l'éternité, l'homme sera toujours sous le regard miséricordieux du Père. Ce n'est pas par hasard que le peuple d'Israël a voulu intégrer ce psaume, le « Grand *Hallel* » comme on l'appelle, dans les fêtes liturgiques les plus importantes.

Avant la Passion, Jésus a prié avec ce psaume de la miséricorde. C'est ce qu'atteste l'évangéliste Matthieu quand il dit qu'« après avoir chanté les Psaumes » (26,30), Jésus et ses disciples sortirent en direction du mont des Oliviers. Lorsqu'il instituait l'Eucharistie, mémorial pour toujours de sa Pâque, il établissait symboliquement cet acte suprême de la Révélation dans la lumière de la miséricorde. Sur ce même horizon de la miséricorde, Jésus vivait sa passion et sa mort, conscient du grand mystère d'amour qui s'accomplissait sur la Croix. Savoir que Jésus lui-même a prié avec ce psaume le rend encore plus important pour nous chrétiens et nous appelle à en faire le refrain de notre prière quotidienne de louange : « Éternel est son amour. »

8. Le regard fixé sur Jésus et son visage miséricordieux, nous pouvons accueillir l'amour de la Sainte Trinité. La mission que Jésus a reçue du Père a été de révéler le mystère de l'amour divin dans sa plénitude. L'évangéliste Jean affirme pour la première et unique fois dans toute l'Écriture : « Dieu est amour » (1 Jn 4,8.16). Cet amour est désormais rendu visible et tangible dans toute la vie de Jésus. Sa personne n'est rien d'autre qu'amour, un amour qui se donne gratuitement. Les relations avec les personnes qui s'approchent de lui ont quelque chose d'unique et de singulier. Les signes qu'il accomplit, surtout envers les pécheurs, les pauvres, les exclus, les malades

et les souffrants, sont marqués par la miséricorde. Tout en Lui parle de miséricorde. Rien en Lui ne manque de compassion.

Face à la multitude qui le suivait, Jésus, voyant qu'ils étaient fatigués et épuisés, égarés et sans berger, éprouva au plus profond de son cœur une grande compassion pour eux (*cf.* Mt 9,36). En raison de cet amour de compassion, il guérit les malades qu'on lui présentait (*cf.* Mt 14,14) et il rassasia une grande foule avec peu de pains et de poissons (*cf.* Mt 15,37). Ce qui animait Jésus en toute circonstance n'était rien d'autre que la miséricorde avec laquelle il lisait dans le cœur de ses interlocuteurs et répondait à leurs besoins les plus profonds. Lorsqu'il rencontra la veuve de Naïm qui emmenait son fils unique au tombeau, il éprouva une profonde compassion pour la douleur immense de cette mère en pleurs, et il lui redonna son fils, le ressuscitant de la mort (*cf.* Lc 7,15). Après avoir libéré le possédé de Gérasa, il lui donna cette mission : « Annonce tout ce que le Seigneur a fait pour toi dans sa miséricorde » (Mc 5,19). L'appel de Matthieu est lui aussi inscrit sur l'horizon de la miséricorde. Passant devant le comptoir des impôts, Jésus regarda Matthieu dans les yeux. C'était un regard riche de miséricorde qui pardonnait les péchés de cet homme, et surmontant les résistances des autres disciples, il le choisit, lui, le pécheur et le publicain, pour devenir l'un des Douze. Lorsqu'il commenta cette scène de l'Évangile, saint Bède le Vénérable écrivit que Jésus regarda Matthieu avec un amour miséricordieux et le choisit : « *miserando atque eligendo*[1] ». Cette expression m'a toujours fait impression au point que j'en ai fait ma devise.

9. Dans les paraboles de la miséricorde, Jésus révèle la nature de Dieu comme celle d'un Père qui ne s'avoue jamais vaincu jusqu'à ce qu'il ait absous le péché et vaincu le refus, par la compassion et la miséricorde. Nous connaissons ces paraboles, trois en particulier : celle de la brebis égarée, celle de la pièce de monnaie perdue et celle

1. *Cf.* Hom. 21 : CCL 122, 149-151.

du père et des deux fils (*cf.* Lc 15,1-32). Dans ces paraboles, Dieu est toujours présenté comme rempli de joie, surtout quand il pardonne. Nous y trouvons le noyau de l'Évangile et de notre foi, car la miséricorde y est présentée comme la force victorieuse de tout, qui remplit le cœur d'amour et qui console en pardonnant.

Dans une autre parabole, nous recevons un enseignement pour notre manière de vivre en chrétiens. Interpellé par la question de Pierre lui demandant combien de fois il faut pardonner, Jésus répond : « Je ne te dis pas jusqu'à sept fois, mais jusqu'à soixante-dix fois sept fois » (Mt 18,22). Il raconte ensuite la parabole du « débiteur sans pitié ». Appelé par son maître à rendre une somme importante, le serviteur le supplie à genoux et le maître lui remet sa dette. Tout de suite après, il rencontre un autre serviteur qui lui doit quelques centimes. Celui-ci le supplie à genoux d'avoir pitié, mais il refuse et le fait emprisonner. En apprenant la chose, le maître se met en colère et rappelle le serviteur pour lui dire : « Ne devais-tu pas, à ton tour, avoir pitié de ton compagnon, comme moi-même j'avais eu pitié de toi ? » (Mt 18,33). Et Jésus conclut : « C'est ainsi que mon Père du ciel vous traitera, si chacun de vous ne pardonne pas à son frère du fond du cœur » (Mt 18,35).

La parabole est d'un grand enseignement pour chacun de nous. Jésus affirme que la miséricorde n'est pas seulement l'agir du Père, mais elle devient le critère pour comprendre qui sont ses véritables enfants. En résumé, nous sommes invités à vivre de miséricorde parce qu'il nous a d'abord été fait miséricorde. Le pardon des offenses devient l'expression la plus manifeste de l'amour miséricordieux, et pour nous chrétiens, c'est un impératif auquel nous ne pouvons pas nous soustraire. Bien souvent, il nous semble difficile de pardonner ! Cependant, le pardon est le moyen déposé dans nos mains fragiles pour atteindre la paix du cœur. Se défaire de la rancœur, de la colère, de la violence et de la vengeance est la condition nécessaire pour vivre heureux. Accueillons donc la demande de l'apôtre : « Que le soleil ne se couche pas sur votre colère » (Ep 4,26). Écoutons surtout la parole de Jésus qui a établi la miséricorde comme idéal de vie et comme critère de crédibilité de notre foi : « Heureux les miséricordieux, car ils obtiendront miséricorde » (Mt 5,7). C'est la béatitude qui doit susciter notre engagement tout particulier en cette année sainte.

Comme on peut le remarquer, la miséricorde est, dans l'Écriture, le mot-clé pour indiquer l'agir de Dieu envers nous. Son amour n'est pas seulement affirmé, mais il est rendu visible et tangible. D'ailleurs, l'amour ne peut jamais être un mot abstrait. Par nature, il est vie concrète : intentions, attitudes, comportements qui se vérifient dans l'agir quotidien. La miséricorde de Dieu est sa responsabilité envers nous. Il se sent responsable, c'est-à-dire qu'il veut notre bien et nous voir heureux, remplis de joie et de paix. L'amour miséricordieux des chrétiens doit être sur la même longueur d'onde. Comme le Père aime, ainsi aiment les enfants. Comme il est miséricordieux, ainsi sommes-nous appelés à être miséricordieux les uns envers les autres.

10. La miséricorde est le pilier qui soutient la vie de l'Église. Dans son action pastorale, tout devrait être enveloppé de la tendresse avec laquelle on s'adresse aux croyants. Dans son annonce et le témoignage qu'elle donne face au monde, rien ne peut être privé de miséricorde. La crédibilité de l'Église passe par le chemin de l'amour miséricordieux et de la compassion. L'Église « vit un désir inépuisable d'offrir la miséricorde[1] ». Peut-être avons-nous parfois oublié de montrer et de vivre le chemin de la miséricorde. D'une part, la tentation d'exiger toujours et seulement la justice a fait oublier qu'elle n'est qu'un premier pas, nécessaire et indispensable, mais l'Église doit aller au-delà pour atteindre un but plus haut et plus significatif. D'autre part, il est triste de voir combien l'expérience du pardon est toujours plus rare dans notre culture. Même le mot semble parfois disparaître. Sans le

1. Exhort. apost. *Evangelii gaudium*, n° 24.

témoignage du pardon, il n'y a qu'une vie inféconde et stérile, comme si l'on vivait dans un désert. Le temps est venu pour l'Église de retrouver la joyeuse annonce du pardon. Il est temps de revenir à l'essentiel pour se charger des faiblesses et des difficultés de nos frères. Le pardon est une force qui ressuscite en vie nouvelle et donne le courage pour regarder l'avenir avec espérance.

11. Nous ne pouvons pas oublier le grand enseignement que saint Jean-Paul II nous a donné dans sa deuxième encyclique *Dives in misericordia*, qui arriva à l'époque de façon inattendue et provoqua beaucoup de surprise en raison du thème abordé. Je voudrais revenir plus particulièrement sur deux expressions. Tout d'abord le Saint Pape remarque l'oubli du thème de la miséricorde dans la culture actuelle : « La mentalité contemporaine semble s'opposer au Dieu de miséricorde, et elle tend à éliminer de la vie et à ôter du cœur humain la notion même de miséricorde. Le mot et l'idée de miséricorde semblent mettre mal à l'aise l'homme qui, grâce à un développement scientifique et technique inconnu jusqu'ici, est devenu maître de la terre qu'il a soumise et dominée (*cf.* Gn 1,28). Cette domination de la terre, entendue parfois de façon unilatérale et superficielle, ne laisse pas de place, semble-t-il, à la miséricorde. [...] Et c'est pourquoi, dans la situation actuelle de l'Église et du monde, bien des hommes et bien des milieux, guidés par un sens aigu de la foi, s'adressent, je dirais quasi spontanément, à la miséricorde de Dieu[1]. »

C'est ainsi que saint Jean-Paul II justifiait l'urgence de l'annonce et du témoignage à l'égard de la miséricorde dans le monde contemporain : « Il est dicté par l'amour envers l'homme, envers tout ce qui est humain, et qui, selon l'intuition d'une grande partie des hommes de ce temps, est menacé par un péril immense. Le mystère du Christ [...] m'a poussé à rappeler dans l'encyclique *Redemptor*

1. Lett. enc. *Dives in misericordia*, n° 2.

hominis sa dignité incomparable, m'oblige aussi à proclamer la miséricorde en tant qu'amour miséricordieux de Dieu révélé dans ce mystère. Il me conduit également à en appeler à cette miséricorde et à l'implorer dans cette phase difficile et critique de l'histoire de l'Église et du monde[1]. » Son enseignement demeure plus que jamais d'actualité et mérite d'être repris en cette année sainte. Recevons ses paroles de façon renouvelée : « L'Église vit d'une vie authentique lorsqu'elle professe et proclame la miséricorde, attribut le plus admirable du Créateur et du Rédempteur, et lorsqu'elle conduit les hommes aux sources de la miséricorde du Sauveur, dont elle est la dépositaire et la dispensatrice[2]. »

12. L'Église a pour mission d'annoncer la miséricorde de Dieu, cœur battant de l'Évangile, qu'elle doit faire parvenir au cœur et à l'esprit de tous. L'Épouse du Christ adopte l'attitude du Fils de Dieu qui va à la rencontre de tous, sans exclure personne. De nos jours où l'Église est engagée dans la nouvelle évangélisation, le thème de la miséricorde doit être proposé avec un enthousiasme nouveau et à travers une pastorale renouvelée. Il est déterminant pour l'Église et pour la crédibilité de son annonce de vivre et de témoigner elle-même de la miséricorde. Son langage et ses gestes doivent transmettre la miséricorde pour pénétrer le cœur des personnes et les inciter à retrouver le chemin du retour au Père.

La vérité première de l'Église est l'amour du Christ. L'Église se fait servante et médiatrice de cet amour qui va jusqu'au pardon et au don de soi. En conséquence, là où l'Église est présente, la miséricorde du Père doit être manifeste. Dans nos paroisses, les communautés, les associations et les mouvements, en bref, là où il y a des chrétiens, quiconque doit pouvoir trouver une oasis de miséricorde.

---

1. *Ibid.*, n° 15.
2. *Ibid.*, n° 13.

13. Nous voulons vivre cette année jubilaire à la lumière de la parole du Seigneur : *miséricordieux comme le Père.* L'évangéliste rapporte l'enseignement du Christ qui dit : « Soyez miséricordieux comme votre Père est miséricordieux » (Lc 6,36). C'est un programme de vie aussi exigeant que riche de joie et de paix. Le commandement de Jésus s'adresse à ceux qui écoutent sa voix (*cf.* Lc 6,27). Pour être capable de miséricorde, il nous faut donc d'abord nous mettre à l'écoute de la Parole de Dieu. Cela veut dire qu'il nous faut retrouver la valeur du silence pour méditer la Parole qui nous est adressée. C'est ainsi qu'il est possible de contempler la miséricorde de Dieu et d'en faire notre style de vie.

14. Le *pèlerinage* est un signe particulier de l'année sainte : il est l'image du chemin que chacun parcourt au long de son existence. La vie est un pèlerinage, et l'être humain un *viator*, un pèlerin qui parcourt un chemin jusqu'au but désiré. Pour passer la porte sainte à Rome, et en tous lieux, chacun devra, selon ses forces, faire un pèlerinage. Ce sera le signe que la miséricorde est un but à atteindre, qui demande engagement et sacrifice. Que le pèlerinage stimule notre conversion : en passant la porte sainte, nous nous laisserons embrasser par la miséricorde de Dieu, et nous nous engagerons à être miséricordieux avec les autres comme le Père l'est avec nous.

Le Seigneur Jésus nous montre les étapes du pèlerinage à travers lequel nous pouvons atteindre ce but : « Ne jugez pas, et vous ne serez pas jugés ; ne condamnez pas, et vous ne serez pas condamnés. Pardonnez, et vous serez pardonnés. Donnez, et l'on vous donnera : c'est une mesure bien pleine, tassée, secouée, débordante, qui sera versée dans le pan de votre vêtement ; car la mesure dont vous vous servez pour les autres servira de mesure aussi pour vous » (Lc 6,37-38). Il nous est dit, d'abord, de ne pas juger et de ne pas condamner. Si l'on ne veut pas être exposé au jugement de Dieu, personne ne doit devenir juge de son frère. De fait, en jugeant, les hommes s'arrêtent à ce qui est superficiel, tandis que le Père regarde les cœurs. Que de mal les paroles ne font-elles pas lorsqu'elles sont animées par des sentiments de jalousie ou d'envie ! Mal parler du frère en son absence, c'est le mettre sous un faux jour, c'est compromettre sa réputation et l'abandonner aux ragots. Ne pas juger et ne pas condamner signifie, de façon positive, savoir accueillir ce qu'il y a de bon en toute personne et ne pas permettre qu'elle ait à souffrir de notre jugement partiel et de notre prétention à tout savoir. Ceci n'est pas encore suffisant pour exprimer ce qu'est la miséricorde. Jésus demande aussi de *pardonner* et de *donner*, d'être instruments du pardon puisque nous l'avons déjà reçu de Dieu, d'être généreux à l'égard de tous en sachant que Dieu étend aussi sa bonté pour nous avec grande magnanimité.

Miséricordieux comme le Père, c'est donc la « devise » de l'année sainte. Dans la miséricorde, nous avons la preuve de la façon dont Dieu aime. Il se donne tout entier, pour toujours, gratuitement et sans rien demander en retour. Il vient à notre secours lorsque nous l'invoquons. Il est beau que la prière quotidienne de l'Église commence avec ces paroles : « Mon Dieu, viens me délivrer ; Seigneur, viens vite à mon secours » (Ps 69,2). L'aide que nous implorons est déjà le premier pas de la miséricorde de Dieu à notre égard. Il vient nous sauver de la condition de faiblesse dans laquelle nous vivons. Son aide consiste à rendre accessible sa présence et sa proximité. Touchés jour après jour par sa compassion, nous pouvons nous aussi devenir compatissants envers tous.

15. Au cours de cette année sainte, nous pourrons faire l'expérience d'ouvrir le cœur à ceux qui vivent dans les périphéries existentielles les plus différentes, que le monde moderne a souvent créées de façon dramatique. Combien de situations de précarité et de souffrance existent dans le monde d'aujourd'hui ! Combien de blessures sont imprimées dans la chair de ceux qui n'ont plus de voix parce que leur cri s'est évanoui et s'est tu à cause de l'indifférence des peuples

riches ! Au cours de ce jubilé, l'Église sera encore davantage appelée à soigner ces blessures, à les soulager avec l'huile de la consolation, à les panser avec la miséricorde et à les soigner par la solidarité et l'attention. Ne tombons pas dans l'indifférence qui humilie, dans l'habitude qui anesthésie l'âme et empêche de découvrir la nouveauté, dans le cynisme destructeur. Ouvrons nos yeux pour voir les misères du monde, les blessures de tant de frères et sœurs privés de dignité, et sentons-nous appelés à entendre leur cri qui appelle à l'aide. Que nos mains serrent leurs mains et les attirent vers nous afin qu'ils sentent la chaleur de notre présence, de l'amitié et de la fraternité. Que leur cri devienne le nôtre et qu'ensemble, nous puissions briser la barrière d'indifférence qui règne souvent en souveraine pour cacher l'hypocrisie et l'égoïsme.

Je souhaite que le peuple chrétien réfléchisse durant le jubilé aux *œuvres de miséricorde corporelles et spirituelles*. Ce sera une façon de réveiller notre conscience souvent endormie face au drame de la pauvreté, et de pénétrer toujours davantage le cœur de l'Évangile, où les pauvres sont les destinataires privilégiés de la miséricorde divine. La prédication de Jésus nous dresse le tableau de ces œuvres de miséricorde, pour que nous puissions comprendre si nous vivons, oui ou non, comme ses disciples. Redécouvrons les *œuvres de miséricorde corporelles* : donner à manger aux affamés, donner à boire à ceux qui ont soif, vêtir ceux qui sont nus, accueillir les étrangers, assister les malades, visiter les prisonniers, ensevelir les morts. Et n'oublions pas les *œuvres de miséricorde spirituelles* : conseiller ceux qui sont dans le doute, enseigner les ignorants, avertir les pécheurs, consoler les affligés, pardonner les offenses, supporter patiemment les personnes ennuyeuses, prier Dieu pour les vivants et pour les morts.

Nous ne pouvons pas échapper aux paroles du Seigneur et c'est sur elles que nous serons jugés : aurons-nous donné à manger à qui a faim et à boire à qui a soif ? Aurons-nous accueilli l'étranger et vêtu celui qui était nu ? Aurons-nous pris le temps de demeurer auprès de celui qui est malade et prisonnier (*cf.* Mt 25,31-45) ? De même, il nous sera demandé si nous avons aidé à sortir du doute qui engendre la peur, et bien souvent la solitude ; si nous avons été capables de vaincre l'ignorance dans laquelle vivent des millions de personnes, surtout des enfants privés de l'aide nécessaire pour être libérés de la pauvreté ; si nous nous sommes faits proches de celui qui est seul et affligé ; si nous avons pardonné à celui qui nous offense, si nous avons rejeté toute forme de rancœur et de haine qui porte à la violence, si nous avons été patients à l'image de Dieu qui est si patient envers nous ; si, enfin, nous avons confié au Seigneur, dans la prière, nos frères et sœurs. C'est dans chacun de ces « plus petits » que le Christ est présent. Sa chair devient de nouveau visible en tant que corps torturé, blessé, flagellé, affamé, égaré... pour être reconnu par nous, touché et assisté avec soin. N'oublions pas les paroles de saint Jean de la Croix : « Au soir de notre vie, nous serons jugés sur l'amour[1]. »

16. Dans l'Évangile de Luc, nous trouvons un autre aspect important pour vivre avec foi ce jubilé. L'évangéliste raconte qu'un jour de sabbat, Jésus retourna à Nazareth, et comme il avait l'habitude de le faire, il entra dans la synagogue. On l'appela pour lire l'Écriture et la commenter. C'était le passage du prophète Isaïe où il est écrit : « L'esprit du Seigneur Dieu est sur moi parce que le Seigneur m'a consacré par l'onction. Il m'a envoyé annoncer la bonne nouvelle aux humbles, guérir ceux qui ont le cœur brisé, proclamer aux captifs leur délivrance, aux prisonniers leur libération, proclamer une année de bienfaits accordée par le Seigneur » (Is 61,1-2). « Une année de bienfaits » : c'est ce que le Seigneur annonce et que nous voulons vivre. Que cette année sainte expose la richesse de la mission de Jésus qui résonne dans les paroles du prophète : dire une parole et faire un geste de consolation envers les pauvres, annoncer la libération de ceux qui sont esclaves dans les nouvelles prisons de la société

1. *Maximes et Sentences spirituelles*, § 56.

moderne, redonner la vue à qui n'est plus capable de voir car recroquevillé sur lui-même, redonner la dignité à ceux qui en sont privés. Que la prédication de Jésus soit de nouveau visible dans les réponses de foi que les chrétiens sont amenés à donner par leur témoignage. Que les paroles de l'apôtre nous accompagnent : « Celui qui pratique la miséricorde, qu'il ait le sourire » (Rm 12,8).

17. Puisse le Carême de cette année jubilaire être vécu plus intensément comme un temps fort pour célébrer et expérimenter la miséricorde de Dieu. Combien de pages de l'Écriture peuvent être méditées pendant les semaines du Carême, pour redécouvrir le visage miséricordieux du Père ! Nous pouvons nous aussi répéter avec Michée : Toi, Seigneur, tu es un Dieu qui efface l'iniquité et pardonne le péché. De nouveau, tu nous montreras ta miséricorde, tu fouleras aux pieds nos crimes, tu jetteras au fond de la mer tous nos péchés (*cf.* 7,18-19) !

Ces pages du prophète Isaïe pourront être méditées plus concrètement en ce temps de prière, de jeûne et de charité : « Le jeûne qui me plaît, n'est-ce pas ceci : faire tomber les chaînes injustes, délier les attaches du joug, rendre la liberté aux opprimés, briser tous les jougs ? N'est-ce pas partager ton pain avec celui qui a faim, accueillir chez toi les pauvres sans abri, couvrir celui que tu verras sans vêtement, ne pas te dérober à ton semblable ? Alors ta lumière jaillira comme l'aurore et tes forces reviendront vite. Devant toi marchera ta justice, et la gloire du Seigneur fermera la marche. Alors, si tu appelles, le Seigneur répondra ; si tu cries, il dira : "Me voici." Si tu fais disparaître de chez toi le joug, le geste accusateur, la parole malfaisante, si tu donnes à celui qui a faim ce que toi, tu désires, et si tu combles les désirs du malheureux, ta lumière se lèvera dans les ténèbres et ton obscurité sera lumière de midi. Le Seigneur sera toujours ton guide. En plein désert, il comblera tes désirs et te rendra vigueur. Tu seras comme un jardin bien irrigué, comme une source où les eaux ne manquent jamais » (Is 58,6-11). [...]

Avec conviction, remettons au centre le sacrement de la réconciliation, puisqu'il donne à toucher de nos mains la grandeur de la miséricorde. Pour chaque pénitent, ce sera une source d'une véritable paix intérieure. Je ne me lasserai jamais d'insister pour que les confesseurs soient un véritable signe de la miséricorde du Père. On ne s'improvise pas confesseur. On le devient en se faisant d'abord pénitent en quête de pardon. N'oublions jamais qu'être confesseur, c'est participer à la mission de Jésus d'être le signe concret de la continuité d'un amour divin qui pardonne et qui sauve. Chacun de nous a reçu le don de l'Esprit saint pour le pardon des péchés, nous en sommes responsables. Nul d'entre nous n'est maître du sacrement, mais un serviteur fidèle du pardon de Dieu. Chaque confesseur doit accueillir les fidèles comme le père de la parabole du fils prodigue : un père qui court à la rencontre du fils bien qu'il ait dissipé tous ses biens. Les confesseurs sont appelés à serrer sur eux ce fils repentant qui revient à la maison, et à exprimer la joie de l'avoir retrouvé. Ils ne se lasseront pas non plus d'aller vers l'autre fils resté dehors et incapable de se réjouir, pour lui faire comprendre que son jugement est sévère et injuste, et n'a pas de sens face à la miséricorde du Père qui n'a pas de limite. Ils ne poseront pas de questions impertinentes, mais comme le père de la parabole, ils interrompront le discours préparé par le fils prodigue, parce qu'ils sauront accueillir dans le cœur du pénitent l'appel à l'aide et la demande de pardon. En résumé, les confesseurs sont appelés, toujours, partout et en toutes situations, à être le signe du primat de la miséricorde. [...]

19. Que puisse parvenir à tous la parole de pardon et que l'invitation à faire l'expérience de la miséricorde ne laisse personne indifférent ! Mon appel à la conversion s'adresse avec plus d'insistance à ceux qui se trouvent éloignés de la grâce de Dieu en raison de leur conduite de vie. Je pense en particulier aux hommes et aux femmes qui font partie d'une organisation criminelle quelle qu'elle soit. Pour

votre bien, je vous demande de changer de vie. Je vous le demande au nom du Fils de Dieu qui, combattant le péché, n'a jamais rejeté aucun pécheur. Ne tombez pas dans le terrible piège qui consiste à croire que la vie ne dépend que de l'argent, et qu'à côté, le reste n'aurait ni valeur, ni dignité. Ce n'est qu'une illusion. Nous n'emportons pas notre argent dans l'au-delà. L'argent ne donne pas le vrai bonheur. La violence pour amasser de l'argent qui fait couler le sang ne rend ni puissant, ni immortel. Tôt ou tard, le jugement de Dieu viendra, auquel nul ne pourra échapper.

Le même appel s'adresse aux personnes fautives ou complices de corruption. Cette plaie puante de la société est un péché grave qui crie vers le ciel, car il mine jusqu'au fondement de la vie personnelle et sociale. La corruption empêche de regarder l'avenir avec espérance, parce que son arrogance et son avidité anéantissent les projets des faibles et chassent les plus pauvres. C'est un mal qui prend racine dans les gestes quotidiens pour s'étendre jusqu'aux scandales publics. La corruption est un acharnement dans le péché qui entend substituer à Dieu l'illusion de l'argent comme forme de pouvoir. C'est une œuvre des ténèbres, qui s'appuie sur la suspicion et l'intrigue. « *Corruptio optimi pessima* », disait avec raison saint Grégoire le Grand, pour montrer que personne n'est exempt de cette tentation. Pour la vaincre dans la vie individuelle et sociale, il faut de la prudence, de la vigilance, de la loyauté, de la transparence, le tout en lien avec le courage de la dénonciation. Si elle n'est pas combattue ouvertement, tôt ou tard on s'en rend complice et elle détruit l'existence.

Voici le moment favorable pour changer de vie ! Voici le temps de se laisser toucher au cœur. Face au mal commis, et même aux crimes graves, voici le moment d'écouter pleurer les innocents dépouillés de leurs biens, de leur dignité, de leur affection, de leur vie même. Rester sur le chemin du mal n'est que source d'illusion et de tristesse. La vraie vie est bien autre chose. Dieu ne se lasse pas de tendre la main. Il est toujours prêt à écouter, et moi aussi je le suis, comme mes frères évêques et prêtres. Il suffit d'accueillir l'appel à la conversion et de se soumettre à la justice, tandis que l'Église offre la miséricorde.

20. Dans ce contexte, il n'est pas inutile de rappeler le rapport entre *justice* et *miséricorde*. Il ne s'agit pas de deux aspects contradictoires, mais de deux dimensions d'une unique réalité qui se développe progressivement jusqu'à atteindre son sommet dans la plénitude de l'amour. La justice est un concept fondamental pour la société civile, quand la référence normale est l'ordre juridique à travers lequel la loi s'applique. La justice veut que chacun reçoive ce qui lui est dû. Il est fait référence de nombreuses fois dans la Bible à la justice divine et à Dieu comme juge. On entend par là l'observance intégrale de la Loi et le comportement de tout bon israélite conformément aux commandements de Dieu. Cette vision est cependant souvent tombée dans le légalisme, déformant ainsi le sens originel et obscurcissant le sens profond de la justice. Pour dépasser cette perspective légaliste, il faut se rappeler que dans l'Écriture, la justice est essentiellement conçue comme un abandon confiant à la volonté de Dieu.

Pour sa part, Jésus s'exprime plus souvent sur l'importance de la foi que sur l'observance de la loi. C'est en ce sens qu'il nous faut comprendre ses paroles, lorsqu'à table avec Matthieu et d'autres publicains et pécheurs, il dit aux pharisiens qui le critiquent : « Allez apprendre ce que signifie : Je veux la miséricorde, non le sacrifice. En effet, je ne suis pas venu appeler des justes, mais des pécheurs » (Mt 9,13). En face d'une vision de la justice comme simple observance de la loi qui divise entre justes et pécheurs, Jésus indique le grand don de la miséricorde qui va à la recherche des pécheurs pour leur offrir le pardon et le salut. On comprend alors pourquoi Jésus fut rejeté par les pharisiens et les docteurs de la loi, à cause de sa vision libératrice et source de renouveau. Pour être fidèles à la loi, ils posaient des poids sur les épaules des gens, rendant vaine la miséricorde du Père. Le respect de la loi ne peut faire obstacle aux exigences de la dignité humaine.

L'évocation que fait Jésus du prophète Osée — « Je veux la fidélité, non le sacrifice » (6,6) — est très significative. Jésus affirme que la règle de vie de ses disciples devra désormais intégrer le primat de la miséricorde, comme Lui-même en a témoigné en partageant son repas avec les pécheurs. La miséricorde se révèle une nouvelle fois comme une dimension fondamentale de la mission de Jésus. Elle est un véritable défi face à ses interlocuteurs qui s'arrêtaient au respect formel de la loi. Jésus, au contraire, va au-delà de la loi ; son partage avec ceux que la loi considérait comme pécheurs fait comprendre jusqu'où va sa miséricorde.

L'apôtre Paul a parcouru un chemin similaire. Avant de rencontrer le Christ sur le chemin de Damas, il consacrait sa vie à observer de manière irréprochable la justice de la loi (*cf.* Ph 3,6). La conversion au Christ l'amena à changer complètement de regard, au point qu'il affirme dans la lettre aux Galates : « Nous avons cru, nous aussi, au Christ Jésus pour devenir des justes par la foi au Christ, et non par la pratique de la Loi » (2,16). Sa compréhension de la justice change radicalement. Paul situe désormais en premier la foi et non plus la loi. Ce n'est pas l'observance de la loi qui sauve, mais la foi en Jésus Christ, qui par sa mort et sa résurrection nous a donné la miséricorde qui justifie. La justice de Dieu devient désormais libération pour ceux qui sont esclaves du péché et de toutes ses conséquences. La justice de Dieu est son pardon (*cf.* Ps 50,11-16).

21. La miséricorde n'est pas contraire à la justice, mais illustre le comportement de Dieu envers le pécheur, lui offrant une nouvelle possibilité de se repentir, de se convertir et de croire. Ce qu'a vécu le prophète Osée nous aide à voir le dépassement de la justice par la

miséricorde. L'époque de ce prophète est parmi les plus dramatiques de l'histoire du peuple hébreu. Le Royaume est près d'être détruit ; le peuple n'est pas demeuré fidèle à l'alliance, il s'est éloigné de Dieu et a perdu la foi des Pères. Suivant une logique humaine, il est juste que Dieu pense à rejeter le peuple infidèle : il n'a pas été fidèle au pacte, et il mérite donc la peine prévue, c'est-à-dire l'exil. Les paroles du prophète l'attestent : « Il ne retournera pas au pays d'Égypte ; Assour deviendra son roi, car ils ont refusé de revenir à moi » (Os 11,5). Cependant, après cette réaction qui se réclame de la justice, le prophète change radicalement son langage et révèle le vrai visage de Dieu : « Mon cœur se retourne contre moi ; en même temps, mes entrailles frémissent. Je n'agirai pas selon l'ardeur de ma colère, je ne détruirai plus Israël, car moi, je suis Dieu, et non pas homme : au milieu de vous je suis le Dieu saint, et je ne viens pas pour exterminer » (11,8-9). Commentant les paroles du prophète, saint Augustin écrit : « Il est plus facile pour Dieu de retenir la colère plutôt que la miséricorde[1]. » C'est exactement ainsi. La colère de Dieu ne dure qu'un instant, et sa miséricorde est éternelle.

Si Dieu s'arrêtait à la justice, il cesserait d'être Dieu ; il serait comme tous les hommes qui invoquent le respect de la loi. La justice seule ne suffit pas, et l'expérience montre que faire uniquement appel à elle risque de l'anéantir. C'est ainsi que Dieu va au-delà de la justice avec la miséricorde et le pardon. Cela ne signifie pas dévaluer la justice ou la rendre superflue, au contraire. Qui se trompe devra purger sa peine, mais ce n'est pas là le dernier mot, mais le début de la conversion, en faisant l'expérience de la tendresse du pardon. Dieu ne refuse pas la justice. Il l'intègre et la dépasse dans un événement plus grand dans lequel on fait l'expérience de l'amour, fondement d'une vraie justice. Il nous faut prêter grande attention à ce qu'écrit Paul pour ne pas faire la même erreur que l'apôtre reproche à ses contemporains juifs : « En ne reconnaissant pas la justice qui

1. Enarr. in Ps. 76, 11.

vient de Dieu, et en cherchant à instaurer leur propre justice, ils ne se sont pas soumis à la justice de Dieu. Car l'aboutissement de la Loi, c'est le Christ, afin que soit donnée la justice à toute personne qui croit » (Rm 10,3-4). Cette justice de Dieu est la miséricorde accordée à tous comme une grâce venant de la mort et de la résurrection de Jésus Christ. La croix du Christ est donc le jugement de Dieu sur chacun de nous et sur le monde, puisqu'elle nous donne la certitude de l'amour et de la vie nouvelle.

22. Le jubilé amène la réflexion sur l'*indulgence*. Elle revêt une importance particulière au cours de cette année sainte. Le pardon de Dieu pour nos péchés n'a pas de limite. Dans la mort et la résurrection de Jésus Christ, Dieu rend manifeste cet amour qui va jusqu'à détruire le péché des hommes. Il est possible de se laisser réconcilier avec Dieu à travers le mystère pascal et la médiation de l'Église. Dieu est toujours prêt au pardon et ne se lasse jamais de l'offrir de façon toujours nouvelle et inattendue. Nous faisons tous l'expérience du péché. Nous sommes conscients d'être appelés à la perfection (*cf.* Mt 5,48), mais nous ressentons fortement le poids du péché. Quand nous percevons la puissance de la grâce qui nous transforme, nous faisons l'expérience de la force du péché qui nous conditionne. Malgré le pardon, notre vie est marquée par les contradictions qui sont la conséquence de nos péchés. Dans le sacrement de la réconciliation, Dieu pardonne les péchés, et ils sont réellement effacés, cependant que demeure leur empreinte négative dans nos comportements et nos pensées. La miséricorde de Dieu est cependant plus forte que ceci. Elle devient *indulgence* du Père qui rejoint le pécheur pardonné à travers l'Épouse du Christ, et le libère de tout ce qui reste des conséquences du péché, lui donnant d'agir avec charité, de grandir dans l'amour plutôt que de retomber dans le péché.

L'Église vit la communion des saints. Dans l'eucharistie, cette communion, qui est don de Dieu, est rendue présente comme une union spirituelle qui lie les croyants avec les saints et les bienheureux dont le nombre est incalculable (*cf.* Ap 7,4). Leur sainteté vient au secours de notre fragilité, et la Mère Église est ainsi capable, par sa prière et sa vie, d'aller à la rencontre de la faiblesse des uns avec la sainteté des autres. Vivre l'indulgence de l'année sainte, c'est s'approcher de la miséricorde du Père, avec la certitude que son pardon s'étend à toute la vie des croyants. L'indulgence, c'est l'expérience de la sainteté de l'Église qui donne à tous de prendre part au bénéfice de la rédemption du Christ, en faisant en sorte que le pardon parvienne jusqu'aux extrêmes conséquences que rejoint l'amour de Dieu. Vivons intensément le jubilé, en demandant au Père le pardon des péchés et l'étendue de son indulgence miséricordieuse.

23. La valeur de la miséricorde dépasse les frontières de l'Église. Elle est le lien avec le judaïsme et l'islam qui la considèrent comme un des attributs les plus significatifs de Dieu. Israël a d'abord reçu cette révélation qui demeure dans l'histoire comme le point de départ d'une richesse incommensurable à offrir à toute l'humanité. Nous l'avons vu, les pages de l'Ancien Testament sont imprégnées de miséricorde, puisqu'elles racontent les œuvres accomplies par le Seigneur en faveur de son peuple dans les moments les plus difficiles de son histoire. L'islam, de son côté, attribue au Créateur les qualificatifs de « miséricordieux » et « clément ». On retrouve souvent ces invocations sur les lèvres des musulmans qui se sentent accompagnés et soutenus par la miséricorde dans leur faiblesse quotidienne. Eux aussi croient que nul ne peut limiter la miséricorde divine car ses portes sont toujours ouvertes.

Que cette année jubilaire, vécue dans la miséricorde, favorise la rencontre avec ces religions et les autres nobles traditions religieuses. Qu'elle nous rende plus ouverts au dialogue pour mieux nous connaître et nous comprendre. Qu'elle chasse toute forme de fermeture et de mépris. Qu'elle repousse toute forme de violence et de discrimination.

24. Que notre pensée se tourne vers la Mère de la miséricorde. Que la douceur de son regard nous accompagne en cette année sainte, afin que tous puissent redécouvrir la joie de la tendresse de Dieu. Personne n'a connu comme Marie la profondeur du mystère de Dieu fait homme. Sa vie entière fut modelée par la présence de la miséricorde faite chair. La Mère du Crucifié Ressuscité est entrée dans le sanctuaire de la miséricorde divine en participant intimement au mystère de son amour.

Choisie pour être la Mère du Fils de Dieu, Marie fut préparée depuis toujours par l'amour du Père pour être l'*Arche de l'Alliance* entre Dieu et les hommes. Elle a gardé dans son cœur la divine miséricorde en parfaite syntonie avec son Fils Jésus. Son chant de louange, au seuil de la maison d'Élisabeth, fut consacré à la miséricorde qui s'étend « d'âge en âge » (Lc 1,50). Nous étions nous aussi présents dans ces paroles prophétiques de la Vierge Marie, et ce sera pour nous un réconfort et un soutien lorsque nous franchirons la porte sainte pour goûter les fruits de la miséricorde divine.

Près de la Croix, Marie, avec Jean, le disciple de l'amour, est témoin des paroles de pardon qui jaillissent des lèvres de Jésus. Le pardon suprême offert à qui l'a crucifié nous montre jusqu'où peut aller la miséricorde de Dieu. Marie atteste que la miséricorde du Fils de Dieu n'a pas de limite et rejoint tout un chacun sans exclure personne. Adressons lui l'antique et toujours nouvelle prière du *Salve Regina*, puisqu'elle ne se lasse jamais de poser sur nous un regard miséricordieux, et nous rend dignes de contempler le visage de la miséricorde, son Fils Jésus.

Que notre prière s'étende aussi à tant de saints et de bienheureux qui ont fait de la miséricorde la mission de leur vie. Cette pensée s'adresse en particulier à la grande apôtre de la miséricorde, sainte Faustine Kowalska. Elle qui fut appelée à entrer dans les profondeurs de la miséricorde divine, qu'elle intercède pour nous et nous obtienne de vivre et de cheminer toujours dans le pardon de Dieu et dans l'inébranlable confiance en son amour.

25. Une année sainte extraordinaire pour vivre dans la vie de chaque jour la miséricorde que le Père répand sur nous depuis toujours. Au cours de ce jubilé, laissons-nous surprendre par Dieu. Il ne se lasse jamais d'ouvrir la porte de son cœur pour répéter qu'il nous aime et qu'il veut partager sa vie avec nous. L'Église ressent fortement l'urgence d'annoncer la miséricorde de Dieu. La vie de l'Église est authentique et crédible lorsque la miséricorde est l'objet d'une annonce convaincante. Elle sait que sa mission première, surtout à notre époque toute remplie de grandes espérances et de fortes contradictions, est de faire entrer tout un chacun dans le grand mystère de la miséricorde de Dieu, en contemplant le visage du Christ. L'Église est d'abord appelée à être témoin véridique de la miséricorde, en la professant et en la vivant comme le centre de la révélation de Jésus Christ. Du cœur de la Trinité, du plus profond du mystère de Dieu, jaillit et coule sans cesse le grand fleuve de la miséricorde. Cette source ne sera jamais épuisée pour tous ceux qui s'en approcheront. Chaque fois qu'on en aura besoin, on pourra y accéder, parce que la miséricorde de Dieu est sans fin. Autant la profondeur du mystère renfermé est insondable, autant la richesse qui en découle est inépuisable.

Qu'en cette année jubilaire l'Église fasse écho à la Parole de Dieu qui résonne, forte et convaincante, comme une parole et un geste de pardon, de soutien, d'aide, d'amour. Qu'elle ne se lasse jamais d'offrir la miséricorde et soit toujours patiente pour encourager et pardonner. Que l'Église se fasse la voix de tout homme et de toute femme, et répète avec confiance et sans relâche : « Rappelle-toi, Seigneur, ta tendresse, ton amour qui est de toujours » (Ps 24,6).

Rome, 11 avril 2015

Le jugement de la miséricorde

[…] Dieu ne cesse jamais de montrer la richesse de sa miséricorde au cours des siècles. La transformation du cœur qui nous conduit à confesser nos péchés est « un don de Dieu », un cadeau, « son œuvre » (*cf.* Ep 2,8-10). Seuls, nous ne pouvons pas. Être touchés avec tendresse par sa main et façonnés par sa grâce nous permet donc de nous approcher du prêtre sans crainte pour nos fautes, mais avec la certitude d'être accueillis par lui au nom de Dieu et compris malgré nos pauvretés. Et également de nous approcher sans avocat défenseur : nous en avons un seul, qui a donné sa vie pour nos péchés ! C'est lui qui, avec le Père, nous défend toujours. En sortant du confessionnal, nous sentirons sa force qui redonne la vie et rend l'enthousiasme de la foi. Après la confession, nous serons renés.

L'Évangile que nous avons entendu (*cf.* Lc 7,36-50) nous ouvre un chemin d'espérance et de réconfort. Il est bon de sentir sur nous le même regard plein de compassion de Jésus, comme celui qu'a ressenti la femme pécheresse dans la maison du pharisien. Dans ce passage, deux mots reviennent avec insistance : amour et jugement. Il y a l'amour de la femme pécheresse qui s'humilie devant le Seigneur. Mais avant encore, il y a l'amour miséricordieux de Jésus pour elle, qui la pousse à s'approcher. Ses pleurs de repentir et de joie lavent les pieds du Maître, et ses cheveux les sèchent avec gratitude ; les baisers sont l'expression de son affection pure ; et l'onguent parfumé versé en abondance atteste à quel point Il est précieux à ses yeux. Chaque geste de cette femme parle d'amour et exprime son désir d'avoir une certitude inébranlable dans sa vie : celle d'avoir été pardonnée. Cette certitude est très belle ! Et Jésus lui donne cette certitude : en l'accueillant, il lui démontre l'amour de Dieu pour elle, une pécheresse publique. L'amour et le pardon sont simultanés : Dieu lui pardonne beaucoup, tout, car « elle a montré beaucoup d'amour » (Lc 7,47) ; et elle adore Jésus parce qu'elle sent qu'en Lui se trouve la miséricorde et non la condamnation. Elle sent que Jésus la comprend avec amour. Grâce à Jésus, Dieu laisse derrière lui ses nombreux péchés, ne s'en souvient plus (*cf.* Is 43,25). Parce que cela aussi est vrai : lorsque Jésus pardonne, il oublie. Le pardon de Dieu est grand ! Pour elle commence à présent une nouvelle saison. Elle est renée dans l'amour à une vie nouvelle. Cette femme a vraiment rencontré le Seigneur. En silence, elle lui a ouvert son cœur ; dans la douleur, elle lui a montré le repentir pour ses péchés ; avec ses pleurs, elle a fait appel à la bonté divine pour recevoir le pardon. Il n'y aura aucun jugement pour elle, si ce n'est celui qui vient de Dieu, et c'est le jugement de la miséricorde. Le protagoniste de cette rencontre est assurément l'amour, la miséricorde, qui va au-delà de la justice.

Au contraire, Simon, le maître de maison, le pharisien, ne réussit pas à trouver la route de l'amour. Tout est calculé, tout est pensé. Il reste immobile sur le seuil du formalisme. C'est une mauvaise chose, l'amour formel, on ne le comprend pas. Simon s'est limité à inviter Jésus à déjeuner, mais il ne l'a pas vraiment accueilli. Il n'est pas capable de faire le pas suivant lui permettant d'aller à la rencontre de Jésus qui lui apporte le salut. Dans ses pensées, il invoque seulement la justice, et en agissant ainsi, il se trompe. Son jugement sur la femme l'éloigne de la vérité et ne lui permet même pas de comprendre qui est son hôte. Il s'est arrêté à la surface, il n'a pas été capable de regarder le cœur. Face à la parabole de Jésus et à la question sur quel serviteur il a le plus aimé, le pharisien répond correctement : « C'est celui à qui il a remis davantage. » Et Jésus ne manque pas de lui faire observer : « Tu as raison » (Lc 7,43). Ce n'est que quand le jugement de Simon est tourné vers l'amour qu'il est alors dans le juste.

Le rappel de Jésus pousse chacun de nous à ne jamais s'arrêter à la surface des choses, en particulier quand nous sommes face à une personne. Nous sommes appelés à regarder au-delà, à miser sur le cœur pour voir de quelle générosité chacun est capable. Personne ne peut être exclu de la miséricorde de Dieu. Tous connaissent la route pour y accéder, et l'Église est la maison qui accueille tout le monde et ne refuse personne. Ses portes restent grandes ouvertes, pour que ceux qui sont touchés par la grâce puissent trouver la certitude du pardon. Plus le péché est grand et plus grand doit être l'amour que l'Église exprime envers ceux qui se convertissent. Avec combien d'amour Jésus nous regarde ! Avec combien d'amour il guérit notre cœur pécheur ! Il n'a jamais peur de nos péchés. Pensons au fils prodigue qui, lorsqu'il décide de revenir au père, pense lui tenir un discours. Mais le père ne le laisse pas parler, l'embrasse (*cf.* Lc 15,17-24). Ainsi est Jésus avec nous. « Père, j'ai tant péché… » — « Mais lui sera content si tu vas le voir : il t'embrassera avec tant d'amour ! N'aie pas peur. » […]

(Homélie, célébration pénitentielle, basilique Saint-Pierre, vendredi 13 mars 2015)

Un amour très concret

[…] Essayons donc de mieux cerner ce que signifie la miséricorde divine. Pour en parler, l'Ancien Testament recourt à différents termes, les plus significatifs étant « *hessed* » et « *rahamim* ». Le premier, appliqué à Dieu, exprime son indéfectible fidélité à l'Alliance avec son peuple, qu'il aime et pardonne toujours. Quant au second, « *rahamim* », il peut être traduit par « entrailles » et renvoie en particulier au sein maternel, faisant de l'amour de Dieu pour son peuple l'équivalent de l'amour d'une mère pour son enfant. Le prophète Isaïe l'exprime bien par ces mots : « Une femme oublie-t-elle son petit enfant, est-elle sans pitié pour le fils de ses entrailles ? Même si les femmes oubliaient, moi, je ne t'oublierai pas » (Is 49,15). Un tel amour implique que l'on fasse de la place pour l'autre en soi-même, que l'on sente, souffre et se réjouisse avec le prochain.

Le concept biblique de la miséricorde contient également l'idée d'un amour concret, qui est fidèle, gratuit et capable de pardonner. Ce passage du prophète Osée nous offre un bel exemple de l'amour de Dieu, comparable à l'amour d'un père pour son fils : « Quand Israël était jeune, je l'aimai, et d'Égypte j'appelai mon fils. Mais plus je les appelais, plus ils s'écartaient de moi ; aux baals ils sacrifiaient, aux idoles ils brûlaient de l'encens. Et moi j'avais appris à marcher à Éphraïm, je le prenais par les bras, et ils n'ont pas compris que je prenais soin d'eux ! Je les menais avec des attaches humaines, avec des liens d'amour ; j'étais pour eux comme ceux qui soulèvent un nourrisson tout contre leur joue, je m'inclinais vers lui et le faisais manger » (Os 11,1-4). Malgré le comportement mauvais de l'enfant qui mériterait un châtiment, l'amour du père est fidèle et pardonne toujours un fils repentant. Le pardon fait toujours partie de la miséricorde [...].

Pour le Nouveau Testament, la miséricorde divine (*eleos*) est la synthèse de l'œuvre que Jésus est venu accomplir dans le monde au nom du Père (*cf.* Mt 9,13). La miséricorde de notre Seigneur se manifeste surtout quand il se penche sur la misère humaine et manifeste sa compassion pour celui qui a besoin de compréhension, de guérison et de pardon. Tout en Jésus parle de la miséricorde. Mieux ! Il est lui-même la miséricorde. [...]

La miséricorde de Dieu est très concrète et nous sommes tous appelés à en faire personnellement l'expérience. Lorsque j'avais dix-sept ans, un jour où je devais sortir avec mes amis, j'ai décidé de me recueillir d'abord dans une église. Une fois à l'intérieur, j'ai trouvé un prêtre qui m'a inspiré une confiance particulière, et j'ai senti le désir d'ouvrir mon cœur dans la confession. Cette rencontre a changé ma vie ! J'ai découvert que lorsque nous ouvrons nos cœurs avec humilité et transparence, nous pouvons contempler d'une façon très concrète la miséricorde de Dieu. J'ai eu la certitude que dans la personne de ce prêtre, Dieu était là, m'attendant déjà, avant même que je ne fasse le premier pas pour entrer dans l'église. Nous le cherchons, mais il nous précède toujours. Il nous cherche depuis toujours et il nous trouve en premier. Peut-être quelqu'un parmi vous a-t-il un poids sur le cœur et pense : j'ai fait ceci, j'ai fait cela... N'ayez pas peur, Il vous attend ! Il est père : Il nous attend toujours ! Comme c'est beau de trouver l'étreinte miséricordieuse du Père dans le sacrement de la réconciliation, de découvrir le confessionnal comme le lieu de la miséricorde, de se laisser toucher par cet amour miséricordieux du Seigneur qui nous pardonne toujours !

Et toi, cher jeune, as-tu jamais senti se poser sur toi ce regard d'amour infini ? Ce regard qui, au-delà de tous tes péchés, limites, échecs, continue à te faire confiance et à considérer ta vie avec espérance ? Es-tu conscient du prix que tu as aux yeux de ce Dieu qui t'a tout donné par amour ? Comme le dit saint Paul : « La preuve que Dieu nous aime, c'est que le Christ, alors que nous étions encore pécheurs, est mort pour nous » (Rm 5,8). Mais comprenons-nous vraiment la puissance de ces mots ? [...]

La Parole de Dieu nous enseigne qu'« il y a plus de bonheur à donner qu'à recevoir » (Ac 20,35). C'est précisément pour cette raison que la cinquième béatitude déclare bienheureux les miséricordieux. Nous savons que le Seigneur nous a aimés en premier. Mais nous ne serons vraiment heureux que si nous entrons dans la logique divine du don, de l'amour gratuit. Nous ne serons heureux que si nous découvrons que Dieu nous a si infiniment aimés qu'il nous a rendus capables d'aimer comme lui, sans mesure. Comme le dit saint Jean : « Bien-aimés, aimons-nous les uns les autres, puisque l'amour est de Dieu, et que quiconque aime est né de Dieu et connaît Dieu. Celui qui n'aime pas n'a pas connu Dieu, car Dieu est amour. [...] En ceci consiste l'amour : ce n'est pas nous qui avons aimé Dieu, mais c'est lui qui nous a aimés, et qui a envoyé son Fils en victime de propitiation pour nos péchés. Bien-aimés, si Dieu nous a ainsi aimés, nous devons, nous aussi, nous aimer les uns les autres » (1 Jn 4,7-11).

Après avoir brièvement expliqué comment le Seigneur manifeste sa miséricorde à notre égard, je voudrais maintenant vous suggérer des pistes pour devenir concrètement des instruments de cette miséricorde envers notre prochain.

Je me rappelle le bel exemple du bienheureux Pier Giorgio Frassati. Il disait : « Jésus me rend visite tous les matins dans la Sainte Communion. Moi, je la lui rends, aussi misérablement que je peux, en visitant les pauvres. » Le jeune Pier Giorgio avait compris ce que signifie avoir un cœur miséricordieux, sensible aux plus nécessiteux. Il leur donnait bien plus que des choses matérielles ; il se donnait lui-même, passait du temps avec eux, il leur parlait, les écoutait attentivement. Il servait les pauvres avec une grande discrétion, ne se mettant jamais en avant. Il vivait vraiment l'Évangile qui dit : « Quand tu fais l'aumône, que ta main gauche ignore ce que fait ta main droite, afin que ton aumône soit secrète » (Mt 6,3-4). Figurez-vous que la veille de sa mort, gravement malade, il continuait encore à donner des indications sur la façon d'aider ses amis, les indigents. À ses funérailles, les membres de sa famille et ses amis furent stupéfaits par la présence d'un grand nombre de pauvres, de personnes que Pier Giorgio avait accompagnées et aidées, et dont ils ignoraient l'existence. [...]

Laissez-vous inspirer par la prière de sainte Faustine, humble apôtre de la miséricorde divine pour notre temps : « Aide-moi, Seigneur, pour que mes yeux soient miséricordieux, pour que je ne soupçonne jamais ni ne juge d'après les apparences extérieures, mais que je discerne la beauté dans l'âme de mon prochain et que je lui vienne en aide [...] pour que mon oreille soit miséricordieuse, afin que je me penche sur les besoins de mon prochain et ne reste pas indifférente à ses douleurs ni à ses plaintes [...] pour que ma langue soit miséricordieuse, afin que je ne dise jamais de mal de mon prochain, mais que j'aie pour chacun un mot de consolation et de pardon [...] pour que mes mains soient miséricordieuses et remplies de bonnes actions [...] pour que mes pieds soient miséricordieux, pour me hâter au secours de mon prochain, en dominant ma propre fatigue et ma lassitude [...] pour que mon cœur soit miséricordieux, afin que je ressente toutes les souffrances de mon prochain » (*Journal*, 163).

Le message de la divine miséricorde est donc un programme de vie très concret et exigeant parce qu'il implique des œuvres. Et l'une des œuvres de miséricorde plus évidente, mais aussi plus difficile à mettre en pratique, est sans aucun doute de pardonner à ceux qui nous ont offensés, ceux qui nous ont fait du mal, ceux que nous considérons comme nos ennemis. [...]

Je rencontre beaucoup de jeunes qui me disent qu'ils sont las de ce monde si divisé, où des membres de factions rivales s'affrontent, où sévissent tant de guerres et où certains utilisent leur religion pour justifier la violence. Nous devons supplier le Seigneur pour qu'il nous accorde la grâce d'être miséricordieux avec ceux qui nous font du mal, à l'image de Jésus en croix qui a prié pour ceux qui l'avaient crucifié : « Père, pardonne-leur car ils ne savent pas ce qu'ils font » (Lc 23,34). Le seul remède contre le mal est la miséricorde. Certes, la justice est nécessaire, mais pas suffisante à elle seule. Justice et miséricorde doivent aller de pair. Comme je voudrais que nous nous unissions tous en chœur pour prier du tréfonds de nos cœurs et implorer le Seigneur afin qu'il ait pitié de nous et du monde entier ! [...]

Jésus miséricordieux vous attend. Il vous fait confiance et il compte sur vous ! Il a tant de choses importantes à dire à chacun d'entre vous... N'ayez pas peur de croiser son regard plein d'amour infini pour chacun de vous, et laissez-vous atteindre par ce regard miséricordieux, prêt à pardonner tous vos péchés, un regard qui peut changer votre vie et guérir les blessures de vos âmes, un regard qui étanche la soif profonde qui habite vos cœurs de jeunes : soif d'amour, de paix, de joie et du vrai bonheur. Venez à lui et n'ayez pas peur ! Venez pour lui dire du fond de votre cœur : « Jésus, en toi je me confie ! » Laissez-vous toucher par sa miséricorde sans limite pour devenir vous aussi, à travers les œuvres, les paroles et la prière, des apôtres de la miséricorde dans notre monde blessé par l'égoïsme, la haine et tant de désespoir.

Portez la flamme de l'amour miséricordieux du Christ — dont parlait saint Jean-Paul II — dans les différents lieux de votre vie quotidienne et jusqu'aux extrémités de la terre. Dans cette mission, je vous accompagne avec mes meilleurs vœux et mes prières. Je vous confie tous à la Sainte Vierge Marie, Mère de miséricorde, et je vous bénis tous de grand cœur.

(Message du pape François pour les XXXIe Journées mondiales de la jeunesse 2016, 15 août 2015)

II

Éternel est son amour

La proposition de Dieu est une caresse d'amour

[…] Qu'elle est belle, cette réalité de la foi pour notre vie : la miséricorde de Dieu ! Un amour aussi grand, aussi profond, un amour qui ne fait pas défaut, qui nous saisit toujours par la main et nous soutient, nous relève, nous guide.

Dans l'Évangile d'aujourd'hui, l'apôtre Thomas fait justement l'expérience de la miséricorde de Dieu, qui a un visage concret, celui de Jésus Ressuscité. Thomas ne se fie pas à ce que les autres apôtres lui disent : « Nous avons vu le Seigneur. » La promesse de Jésus qui avait annoncé : « Je ressusciterai le troisième jour » ne lui suffit pas. Il veut voir, il veut mettre sa main dans la marque des clous et dans son côté. Et quelle est la réaction de Jésus ? La patience : Jésus n'abandonne pas Thomas l'entêté dans son incrédulité ; il lui donne le temps d'une semaine, il ne ferme pas la porte, il attend. Et Thomas reconnaît sa propre pauvreté, son peu de foi. « Mon Seigneur et mon Dieu » : par cette invocation simple mais pleine de foi, il répond à la patience de Jésus. Il se laisse envelopper par la miséricorde divine, il la voit en face, dans les plaies des mains et des pieds, dans le côté ouvert, et il retrouve la confiance : il est un homme nouveau, non plus incrédule, mais croyant.

Rappelons-nous aussi Pierre. Par trois fois il renie Jésus, juste au moment où il doit lui être plus proche. Et quand il touche le fond, il rencontre le regard de Jésus qui, avec patience, sans paroles, lui dit : « Pierre, n'aies pas peur de ta faiblesse, aies confiance en moi. » Et Pierre comprend, sent le regard d'amour de Jésus et pleure. Qu'il est beau, ce regard de Jésus — que de tendresse ! Frères et sœurs, ne perdons jamais confiance en la miséricorde patiente de Dieu !

Pensons aux deux disciples d'Emmaüs : le visage triste, une marche vaine, sans espérance. Mais Jésus ne les abandonne pas : il parcourt le chemin avec eux, et pas seulement ! Avec patience, il explique les Écritures qui le concernaient et il reste avec eux pour partager le repas. C'est le style de Dieu : il n'est pas impatient comme nous, nous qui voulons souvent tout tout de suite, même avec les personnes. Dieu est patient avec nous car il nous aime, et qui aime comprend, espère, fait confiance, n'abandonne pas, ne coupe pas les ponts, sait pardonner. Souvenons-nous de cela dans notre vie de chrétiens : Dieu nous attend toujours, même quand nous nous sommes éloignés ! Lui n'est jamais loin, et si nous revenons à lui, il est prêt à nous embrasser.

Relire la parabole du père miséricordieux me fait toujours grande impression car elle me donne toujours une grande espérance. Pensez au plus jeune fils qui est dans la maison de son père. Il est aimé et pourtant il veut sa part d'héritage. Il s'en va, il dépense tout, il arrive au plus bas niveau, au plus loin de son père. Et quand il a touché le fond, il a la nostalgie de la chaleur de la maison paternelle et il y retourne. Et le père ? A-t-il oublié son fils ? Non, jamais. Il est là, il l'aperçoit au loin, il l'attendait chaque jour, à chaque instant. Il est toujours resté dans son cœur comme un fils, même s'il l'avait abandonné, même s'il avait dilapidé tout le patrimoine, c'est-à-dire sa liberté. Le père, avec patience et amour, avec espérance et miséricorde, n'a pas cessé un instant de penser à lui, et à peine l'aperçoit-il qu'il court à sa rencontre et l'embrasse avec tendresse, la tendresse de Dieu, sans une parole de reproche. Et c'est cela la joie du père. Dans le fait d'embrasser son fils, il y a toute cette joie : il est revenu !

Dieu nous attend toujours, il ne se fatigue pas. Un grand théologien allemand, Romano Guardini, disait que Dieu répond à notre faiblesse avec sa patience, et c'est là le motif de notre confiance, de notre espérance (*cf. Glaubenserkenntnis*, Wurtzbourg, 1949, p. 28).

Je voudrais souligner un autre élément : la patience de Dieu doit trouver en nous le courage de revenir à Lui, quelle que soit l'erreur, quel que soit le péché qui est dans notre vie. Jésus invite Thomas à mettre la main dans les plaies de ses mains et de ses pieds, et dans la blessure de son côté. Nous aussi nous pouvons entrer dans les plaies de Jésus, nous pouvons le toucher réellement ; et cela arrive chaque fois que nous recevons avec foi les sacrements. Dans une belle homélie, saint Bernard disait : « Par les plaies [de Jésus], je puis goûter le miel de ce roc et l'huile qui coule de la pierre très dure (*cf.* Dt 32,13), c'est-à-dire goûter et voir combien le Seigneur est bon » (homélie sur le Cantique des Cantiques 61,4). C'est justement dans les plaies de Jésus que nous sommes assurés, c'est là que se manifeste l'immense amour de son cœur. Thomas l'avait compris. Saint Bernard se demande : « Mais sur quoi puis-je compter ? Sur mes mérites ? » Mais « mon mérite, c'est [...] la miséricorde du Seigneur, et je ne manquerai pas de mérite tant que la miséricorde ne lui fera pas défaut. Si les miséricordes de Dieu se multiplient, mes mérites seront nombreux » (*Ibid.*, 5). Ceci est important : le courage de m'en remettre à la miséricorde de Jésus, de compter sur sa patience, de me réfugier toujours dans les plaies de son amour. Saint Bernard arrive à affirmer : « Mais qu'arrivera-t-il si j'ai à me reprocher quantité de fautes ? "Là où le péché s'était multiplié, la grâce a surabondé" (Rm 5,20) » (*Ibid.*). Quelqu'un peut penser : mon péché est tellement grand, mon éloignement de Dieu est comme celui du plus jeune fils de la parabole, mon incrédulité est comme celle de Thomas ; je n'ai pas le courage de revenir, de penser que Dieu puisse m'accueillir et qu'il m'attende, moi. Mais Dieu t'attend, toi, il te demande seulement le courage de venir à lui. Combien de fois dans mon ministère pastoral on m'a répété : « Père, j'ai beaucoup de péchés. » Et l'invitation que j'ai toujours faite est : « Ne crains pas, va chez lui, il t'attend, Lui fera tout. » Que de propositions mondaines entendons-nous autour de nous, mais laissons-nous saisir par la proposition de Dieu, la sienne est une caresse d'amour. Pour Dieu, nous ne sommes pas des numéros, nous sommes importants, ou mieux, nous sommes ce qu'il a de plus important. Même pécheurs, nous sommes ce qui lui tient le plus à cœur.

Après son péché, Adam éprouve de la honte, il se sent nu, il ressent le poids de ce qu'il a fait ; et pourtant Dieu ne l'abandonne pas. Si à ce moment-là, avec le péché, commence l'exil de chez Dieu, il y a déjà la promesse du retour. Dieu demande immédiatement : « Adam, où es-tu ? » Il le cherche. Jésus est devenu nu pour nous, il a pris sur lui la honte d'Adam, la nudité de son péché pour laver notre péché : par ses plaies nous avons été guéris. Rappelez-vous saint Paul : de quoi je me vanterai, sinon de ma faiblesse, de ma pauvreté ? C'est vraiment dans le fait de ressentir, de regarder mon péché que je peux voir et rencontrer la miséricorde de Dieu, son amour, et aller à lui pour recevoir son pardon.

Dans ma vie personnelle, j'ai vu bien des fois le visage miséricordieux de Dieu, sa patience. J'ai vu aussi en de nombreuses personnes le courage d'entrer dans les plaies de Jésus en lui disant : « Seigneur, me voici, accepte ma pauvreté, cache dans tes plaies mon péché, lave-le avec ton sang. » Et j'ai toujours vu que Dieu l'a fait, a accueilli, consolé, lavé, aimé.

Laissons-nous envelopper par la miséricorde de Dieu ; comptons sur sa patience qui nous donne toujours du temps ; ayons le courage de retourner dans sa maison, de demeurer dans les blessures de son amour, en nous laissant aimer par lui, de rencontrer sa miséricorde dans les sacrements. Nous éprouverons sa tendresse, si belle, nous sentirons qu'il nous embrasse et nous serons nous aussi plus capables de miséricorde, de patience, de pardon, d'amour.

(Homélie, célébration eucharistique et prise de possession de la chaire de l'évêque de Rome, basilique Saint-Jean-de-Latran, dimanche 7 avril 2013)

Un roc auquel le monde peut s'agripper

[...] L'amour du Seigneur est un amour fidèle, qui ne déçoit pas, qui est toujours présent. Jésus incarne cet amour, il en est le témoin. Il ne se lasse jamais de nous aimer, de nous supporter, de nous pardonner, et ainsi, il nous accompagne sur le chemin de la vie, selon la promesse qu'il fit à ses disciples : « Je suis avec vous tous les jours, jusqu'à la fin du monde » (Mt 28,20). Par amour, il s'est fait homme, par amour, il est mort et ressuscité, et par amour, il est toujours à nos côtés, dans les bons moments comme dans les moments difficiles. Jésus nous aime toujours, jusqu'à la fin, sans limite et sans mesure. Et il nous aime tous, au point que chacun de nous peut dire : « Il a donné sa vie pour moi. » La fidélité de Jésus ne s'étiole pas face à notre infidélité. Saint Paul nous le rappelle : « Si nous sommes infidèles, il demeure fidèle, car il ne peut se renier lui-même » (2 Tm 2,13). Jésus demeure fidèle, même quand nous avons commis une erreur, et il nous attend pour nous pardonner : Il est le visage du Père miséricordieux. Tel est l'amour fidèle.

L'amour de Dieu recrée tout, c'est-à-dire qu'il rend toute chose nouvelle. Reconnaître nos limites, nos faiblesses, est la porte qui ouvre au pardon de Jésus, à son amour qui peut nous renouveler profondément, nous recréer. Le salut peut entrer dans notre cœur quand nous nous ouvrons à la vérité et que nous reconnaissons nos erreurs, nos péchés ; alors nous faisons cette belle expérience de celui qui est venu non pas pour les personnes saines, mais pour les malades, non pas pour les justes, mais pour les pécheurs (*cf.* Mt 9,12-13). Nous faisons l'expérience de sa patience — il en a tant ! —, de sa tendresse, de sa volonté de sauver tout le monde. Et quel est le signe ? Le signe que nous sommes devenus « nouveaux » et que nous avons été transformés par l'amour de Dieu est le fait de savoir se défaire des habits usés et des vieilles rancœurs ainsi que des inimitiés pour revêtir la tunique propre de la mansuétude, de la bienveillance, du service aux autres, de la paix du cœur, propre aux enfants de Dieu. L'esprit du monde est toujours à la recherche de nouveautés, mais seule la fidélité de Jésus est capable de faire de nous des hommes nouveaux, de nous recréer.

Enfin, l'amour de Dieu est stable et sûr, comme les rochers qui mettent à l'abri de la violence des vagues. Jésus le manifeste dans le miracle raconté par l'Évangile, lorsqu'il apaise la tempête en commandant le vent et la mer (*cf.* Mc 4,41). Alors que les disciples ont peur car ils se rendent compte qu'ils ne s'en sortiront pas, il ouvre leurs cœurs au courage de la foi. Face à l'homme qui crie : « Je n'en peux plus », le Seigneur va vers lui, offre le roc de son amour, auquel tout le monde peut s'agripper en étant certain de ne pas tomber. Combien de fois nous avons la sensation de ne pas y arriver ! Mais lui est à côté de nous avec la main tendue et le cœur ouvert. [...]

Nous pouvons nous demander si aujourd'hui nous sommes arrimés au roc qu'est l'amour de Dieu. [...] Croyons-nous que le Seigneur est fidèle ? Comment vivons-nous la nouveauté de Dieu qui nous transforme tous les jours ? Comment vivons-nous l'amour solide du Seigneur, qui se place comme une barrière sûre contre les vagues de l'orgueil et des fausses nouveautés ? Que l'Esprit saint nous aide à être toujours conscients de cet amour « rocheux » qui nous rend stables et forts dans les petites et les grandes souffrances, qui nous rend capables de ne pas nous fermer face à la difficulté, d'affronter la vie avec courage et de regarder l'avenir avec espérance. Comme à l'époque sur le lac de Galilée, aujourd'hui aussi dans la mer de notre existence, Jésus est celui qui vainc les forces du mal et les menaces du désespoir. La paix qu'il nous donne est pour tout le monde dont nos nombreux frères et sœurs qui fuient des guerres et des persécutions en quête de paix et de liberté.

(Homélie, concélébration eucharistique, Turin, piazza Vittorio, dimanche 21 juin 2015)

L'AMOUR GRATUIT ET INFINI DU PÈRE

Jésus s'adresse ainsi à Nicodème : « Car Dieu a tant aimé le monde qu'il a donné son Fils unique » (Jn 3,16). En écoutant cette parole, nous tournons le regard de notre cœur vers Jésus crucifié et nous sentons en nous que Dieu nous aime. Il nous aime vraiment et il nous aime tant ! Voilà l'expression la plus simple qui résume tout l'Évangile, toute la foi, toute la théologie : Dieu nous aime d'un amour gratuit et infini.

Dieu démontre cet amour avant tout dans la Création, comme le proclame la liturgie, dans la Prière eucharistique IV : « Tu as fait le monde pour que toute créature soit comblée de tes bénédictions, et que beaucoup se réjouissent de ta lumière. » À l'origine du monde, il n'y a que l'amour libre et gratuit du Père. Saint Irénée, un saint des premiers siècles, écrit : « Dieu n'a pas créé Adam parce qu'il avait besoin de l'homme, mais pour avoir quelqu'un à qui donner des bienfaits » (*Contre les hérésies*, IV, 14, 1). L'amour de Dieu est ainsi.

La Prière eucharistique IV se poursuit ainsi : « Comme il avait perdu ton amitié en se détournant de toi, tu ne l'as pas abandonné au pouvoir de la mort. Dans ta miséricorde, tu es venu en aide à tous les hommes. » Il est venu avec sa miséricorde. Comme dans la Création, dans les étapes successives de l'histoire du salut, c'est la gratuité de l'amour de Dieu qui ressort : le Seigneur choisit son peuple non parce qu'il le mérite, mais parce que c'est le plus petit parmi tous les peuples, comme il le dit. Et quand est arrivée « la plénitude des temps », bien que les hommes aient brisé l'Alliance à plusieurs reprises, au lieu de les abandonner, Dieu a établi avec eux un lien nouveau, dans le sang de Jésus — le lien de l'Alliance nouvelle et éternelle — un lien que rien ne pourra jamais briser.

Saint Paul nous rappelle : « Mais Dieu, qui est riche en miséricorde, à cause du grand amour dont il nous a aimés, alors que nous étions morts par suite de nos fautes, nous a fait revivre avec le Christ Dieu » (Ep 2,4). La croix du Christ est la preuve suprême de la miséricorde et de l'amour de Dieu pour nous : Jésus nous a aimés « jusqu'à la fin » (Jn 13,1), c'est-à-dire pas seulement jusqu'au dernier instant de sa vie terrestre, mais jusqu'à l'extrême limite de l'amour. Si, dans la Création, le Père nous a donné la preuve de son immense amour en nous donnant la vie, dans la passion et dans la mort de son Fils, il nous a donné la preuve suprême : il est venu souffrir et mourir pour nous. La miséricorde est aussi grande que cela : il nous aime, il nous pardonne. Dieu pardonne tout et toujours.

(Angélus, place Saint-Pierre, quatrième dimanche de Carême, 15 mars 2015)

Dieu ne se fatigue jamais de nous pardonner

[…] En ce cinquième dimanche de Carême, l'Évangile nous présente l'épisode de la femme adultère (*cf.* Jn 8,1-11) que Jésus sauve de la condamnation à mort. On est frappé par l'attitude de Jésus : nous n'entendons pas des paroles de mépris ou de condamnation, mais seulement des paroles d'amour, de miséricorde, qui invitent à la conversion. « Moi non plus, je ne te condamne pas. Va, désormais ne pèche plus ! » (v. 11). Frères et sœurs, le visage de Dieu est celui d'un père miséricordieux, qui a toujours de la patience. Avez-vous pensé à la patience que Dieu a avec chacun de nous ? Telle est sa miséricorde. Il nous comprend, nous attend, il ne se fatigue pas de nous pardonner si nous savons revenir à lui avec le cœur contrit. « Grande est la miséricorde du Seigneur », dit le psaume.

Ces derniers jours, j'ai lu le livre du cardinal Kasper, un grand théologien, sur la miséricorde. Et ce livre m'a fait beaucoup de bien. Mais ne croyez pas que je fais de la publicité pour les livres de mes cardinaux ! Le cardinal Kasper disait que la miséricorde est ce que nous pouvons ressentir de mieux. Un peu de miséricorde change le monde, le rend moins froid et plus juste. Nous devons bien comprendre cette miséricorde de Dieu, ce Père qui a une telle patience… Souvenons-nous du prophète Isaïe, qui affirme que même si nos péchés sont rouges écarlates, l'amour de Dieu les rendra blancs comme neige. C'est beau, la miséricorde !

Je me souviens, à peine devenu évêque, en 1992, d'une grande messe pour les malades à l'occasion de l'arrivée à Buenos Aires de la Vierge de Fatima. Lors de cette messe, j'ai confessé, et vers la fin, je me suis levé, car je devais administrer une confirmation. Est venue à moi une femme âgée, qui avait plus de quatre-vingts ans, très humble. Je l'ai regardée et je lui ai dit : « Grand-mère — chez nous, nous appelons ainsi les personnes âgées —, vous voulez vous confesser ? » « Oui ! », m'a-t-elle dit. « Mais si vous n'avez pas péché… » Et elle m'a répondu : « Nous avons tous péché ! » « Mais peut-être le Seigneur ne pardonne pas… » « Le Seigneur pardonne tout ! », m'a-t-elle dit, sûre d'elle. « Mais comment le savez-vous, madame ? » « Si le Seigneur ne pardonnait pas tout, le monde n'existerait pas. » J'avais envie de lui demander : « Dites-moi, madame, vous avez étudié à la Grégorienne ? » Car c'est là la sagesse que nous donne l'Esprit saint, la sagesse intérieure tournée vers la miséricorde de Dieu. N'oublions pas ces mots : Dieu ne se fatigue jamais de nous pardonner ! « Eh, mon père, quel est le problème ? » Le problème c'est que nous, nous nous fatiguons de demander pardon ! Ne nous fatiguons jamais ! Lui est le Père plein d'amour qui pardonne toujours, qui a ce cœur de miséricorde pour nous tous. Et nous aussi apprenons à être miséricordieux avec tous. […]

(Angélus, place Saint-Pierre, dimanche 17 mars 2013)

L'ESPÉRANCE NE DÉÇOIT PAS

[...] Nous commettons tous des erreurs dans la vie. Et tous, nous devons demander pardon pour ces erreurs et suivre un chemin de réinsertion pour ne plus en commettre, tant à l'extérieur, dans la société, qu'à l'intérieur de soi, dans la conscience et dans le cœur. Celui qui dit qu'il n'en a pas besoin est un menteur ! Nous nous trompons tous et nous sommes tous des pécheurs. Et quand nous allons demander pardon au Seigneur pour nos péchés, nos erreurs, Il nous pardonne toujours, Il ne se lasse jamais de pardonner. Il nous dit : « Fais demi-tour, car cela ne fera pas de bien d'aller sur cette route. »

L'important est de ne pas stagner. Nous savons tous que quand l'eau stagne, elle croupit. Un dicton espagnol dit : « L'eau qui stagne est la première à se corrompre. » Nous devons marcher, faire un pas chaque jour, avec l'aide du Seigneur. Dieu est Père, il est miséricorde, il nous aime toujours. Si nous Le cherchons, Il nous accueille et nous pardonne. C'est la devise de cette visite : « Dieu ne se lasse pas de pardonner. » Il nous fait nous relever et nous restitue pleinement notre dignité. Dieu a de la mémoire, il n'est pas amnésique. Dieu ne nous oublie pas, il se souvient toujours. Un passage de la Bible, du prophète Isaïe, dit : même si une mère oubliait son fils — et c'est impossible —, moi je ne t'oublierai jamais (*cf.* Is 49,15). Et cela est vrai : Dieu pense à moi, Dieu se souvient de moi.

Et avec cette confiance, on peut avancer, jour après jour. Avec cet amour fidèle qui nous accompagne, l'espérance ne déçoit jamais. Certains pensent suivre un chemin d'erreurs, de péchés, de punition, et uniquement souffrir. On souffre, c'est vrai. L'homme souffre quand il voit que sa conscience n'est pas pure, qu'elle est sale et qu'il veut la changer. Cette souffrance qui purifie, ce feu qui purifie l'or, c'est une souffrance avec une espérance. Quand le Seigneur nous pardonne, il ne nous dit pas : « Moi je te pardonne, débrouille-toi ! » Non, Il nous prend par la main et nous aide à aller de l'avant sur ce chemin de réinsertion, dans notre vie personnelle ainsi que dans la vie sociale. Cela, il le fait avec nous tous. Imaginer que l'ordre intérieur d'une personne se corrige uniquement par la punition, c'est une erreur, ce n'est pas Dieu. Certains pensent qu'il faut punir davantage encore, mais cela ne résout rien ! Mettre les gens en cage uniquement parce que nous sommes en sécurité tant qu'ils sont à l'intérieur, cela ne nous aide pas. La chose la plus importante est ce que Dieu fait avec nous : il nous prend par la main et nous aide à aller de l'avant. Et cela s'appelle l'espérance ! Et avec cette espérance, avec cette confiance, on peut marcher jour après jour. Et avec cet amour fidèle, qui nous accompagne, l'espérance ne déçoit vraiment pas.

Tous les quinze jours, je téléphone à une prison de Buenos Aires, où se trouvent des jeunes avec qui je discute un peu. Et je voudrais vous faire une confidence. Lorsque je rencontre l'un d'entre vous, en maison d'arrêt, enfermé, en chemin vers la réinsertion, je me pose sincèrement cette question : pourquoi lui et pas moi ? C'est ainsi que je le sens. C'est un mystère. Mais c'est en partant de ce sentiment, de cette sensation, que je vous accompagne. [...]

(Discours lors d'une rencontre avec les détenus de la maison d'arrêt d'Isernia, samedi 5 juillet 2014)

La joie du pardon

[…] Le chapitre 15 de l'Évangile de Luc contient les trois paraboles de la miséricorde : celle de la brebis perdue, celle de la pièce d'argent perdue, et puis la plus longue de toutes les paraboles, propre à saint Luc, celle du père et des deux fils, le fils « prodigue » et le fils qui se croit « juste », qui se croit saint. Ces trois paraboles parlent de la joie de Dieu. Dieu est joyeux. Et quelle est la joie de Dieu ? La joie de Dieu est de pardonner ! C'est la joie d'un pasteur qui retrouve sa brebis ; la joie d'une femme qui retrouve sa pièce d'argent ; la joie d'un père qui accueille à nouveau chez lui le fils qui était perdu, qui était comme mort et qui est revenu à la vie, à la maison. On trouve là tout l'Évangile, tout le christianisme ! Mais attention, ce n'est pas du sentiment, ni de « l'angélisme ». Au contraire, la miséricorde est la vraie force qui peut sauver l'homme et le monde du « cancer » qu'est le péché, le mal moral, le mal spirituel. Seul l'amour comble les vides, les gouffres que le mal ouvre dans le cœur et dans l'histoire. Seul l'amour peut faire cela, et c'est la joie de Dieu !

Jésus est toute miséricorde, Jésus est tout amour : Il est Dieu fait homme. Chacun de nous est cette brebis perdue, cette pièce d'argent perdue, ce fils qui a gâché sa liberté en suivant de fausses idoles, des mirages de bonheur, et qui a tout perdu. Mais Dieu ne nous oublie pas, le Père ne nous abandonne jamais. C'est un père patient, il nous attend toujours ! Il respecte notre liberté, mais il reste toujours fidèle.

Et lorsque nous retournons à Lui, il nous accueille comme ses enfants, dans sa maison, car il ne cesse jamais, même pour un instant, de nous attendre, avec amour. Et son cœur est en fête pour tout enfant qui revient. Il est en fête parce qu'il est joie. Dieu a cette joie, quand l'un de nous pécheur va à Lui et demande son pardon.

Quel est le danger ? C'est de se dire justes et de juger les autres. Nous jugeons aussi Dieu, parce que nous pensons qu'il devrait punir les pécheurs, les condamner à mort, au lieu de pardonner. Mais nous risquons ainsi de rester en dehors de la maison du Père ! Comme ce frère aîné de la parabole, qui au lieu d'être content parce que son frère est revenu, se dispute avec son père qui l'accueille et fait la fête. Si dans notre cœur, il n'y a pas la miséricorde, la joie du pardon, nous ne sommes pas en communion avec Dieu, même si nous observons tous les préceptes, car c'est l'amour qui sauve, pas la seule pratique des préceptes. C'est l'amour pour Dieu et pour le prochain qui accomplit tous les commandements. Et c'est cela l'amour de Dieu, sa joie : pardonner. [...]

(Angélus, place Saint-Pierre, dimanche 15 septembre 2013)

Un père patient qui nous attend toujours

Parmi les paraboles évangéliques, c'est-à-dire les brefs récits que Jésus utilisait pour annoncer le Royaume des cieux aux foules, il y en a une plutôt complexe dont Jésus donne une explication à ses disciples : celle du bon grain et de l'ivraie, qui affronte le problème du mal dans le monde et souligne la patience de Dieu (*cf.* Mt 13,24-30.36-43). La scène se déroule dans un champ dont le propriétaire sème le blé. Mais une nuit, l'ennemi vient et sème l'ivraie (la zizanie), un terme qui dérive, en hébreu, de la même racine que le nom « Satan » et qui porte l'idée de division. Nous savons tous que le démon est un « semeur de zizanie », celui qui cherche toujours à diviser les personnes, les familles, les nations et les peuples. Les serviteurs voudraient immédiatement arracher la mauvaise herbe, mais le propriétaire les en empêche : « Vous risqueriez, en ramassant l'ivraie, d'arracher en même temps le blé » (Mt 13,29). Car nous savons tous que l'ivraie, lorsqu'elle pousse, ressemble beaucoup au bon grain.

L'enseignement de la parabole est double. Il dit avant tout que le mal qui existe dans le monde ne vient pas de Dieu, mais de son ennemi, le Malin. Il va semer l'ivraie la nuit, dans l'obscurité, dans la confusion ; il va là où il n'y a pas de lumière. Cet ennemi est rusé : il a semé le mal au milieu du bien, si bien qu'il nous est impossible, à nous, les hommes, de les séparer nettement. Mais Dieu, à la fin, pourra le faire.

Et nous en arrivons au second thème : l'opposition entre l'impatience des serviteurs et l'attente patiente du propriétaire du champ, qui représente Dieu. Parfois, nous avons une grande hâte de juger, de classer, de mettre les bons ici, les méchants là... Mais souvenez-vous de la prière de cet homme orgueilleux : « Mon Dieu, je te rends grâce parce que je suis bon, je ne suis pas comme le reste des hommes, méchants » (*cf.* Lc 18,11-12). Dieu, au contraire, sait attendre. Il regarde dans le « champ » de la vie de chacun avec patience et miséricorde. Il voit beaucoup mieux que nous la saleté et le mal, mais il voit aussi les germes du bien et il attend avec confiance qu'ils mûrissent. Dieu est patient, il sait attendre. Que c'est beau : notre Dieu est un père patient qui nous attend toujours, et il nous attend le cœur sur la main pour nous accueillir, pour nous pardonner. Il nous pardonne toujours si nous allons vers lui.

L'attitude du propriétaire est celle de l'espérance fondée sur la certitude que le mal n'a ni le premier ni le dernier mot. Et c'est grâce à cette espérance patiente de Dieu que l'ivraie elle-même, c'est-à-dire le cœur méchant avec de nombreux péchés, peut, à la fin, devenir du bon grain. Mais attention : la patience évangélique n'est pas de l'indifférence à l'égard du mal. On ne peut pas confondre le bien et le mal ! Face à l'ivraie présente dans le monde, le disciple du Seigneur est appelé à imiter la patience de Dieu, à nourrir l'espérance avec le soutien d'une confiance inébranlable dans la victoire finale du bien, c'est-à-dire de Dieu.

À la fin, en effet, le mal sera enlevé et éliminé : au moment de la moisson, c'est-à-dire du jugement, les moissonneurs exécuteront l'ordre du propriétaire de séparer l'ivraie pour la brûler (*cf.* Mt 13,30). En ce jour de la moisson finale, le juge sera Jésus, Celui qui a semé le bon grain dans le monde et qui est devenu Lui-même le « grain de blé », est mort et est ressuscité. À la fin, nous serons tous jugés de la même manière que celle avec laquelle nous aurons jugé : la miséricorde dont nous aurons fait preuve envers les autres sera aussi utilisée pour nous. Demandons à la Vierge Marie, notre mère, de nous aider à grandir en patience, en espérance et en miséricorde à l'égard de tous nos frères.

(Angélus, place Saint-Pierre, dimanche 20 juillet 2014)

Laissez-vous consoler par le Seigneur

[...] « Consolez, consolez mon peuple, dit votre Dieu » (Is 40,1). Avec ces paroles s'ouvre le Livre de la consolation, où Isaïe adresse au peuple en exil l'annonce joyeuse de la libération. Le temps de la tribulation est terminé, le peuple d'Israël peut regarder avec confiance vers l'avenir : le retour dans sa patrie l'attend finalement. D'où l'invitation à se laisser consoler par le Seigneur.

Isaïe s'adresse à un peuple qui a traversé une période sombre, qui a subi une épreuve très dure, mais désormais est venu le temps de la consolation. La tristesse et la peur peuvent faire place à la joie, car le Seigneur Lui-même guidera son peuple sur le chemin de la libération et du salut. De quelle façon fera-t-il cela ? Avec la sollicitude et la tendresse d'un pasteur qui prend soin de son troupeau. En effet, il donnera unité et sécurité au troupeau, il le fera paître, il rassemblera dans sa bergerie les brebis dispersées, il réservera une attention particulière aux plus fragiles et aux plus faibles (v. 11). C'est l'attitude de Dieu envers nous ses créatures. C'est pourquoi le prophète invite ceux qui l'écoutent à diffuser parmi le peuple ce message d'espérance : le Seigneur nous console. Et il faut faire place à la consolation qui vient du Seigneur.

Mais nous ne pouvons pas être des messagers de la consolation de Dieu si nous n'expérimentons pas d'abord la joie d'être consolés et aimés par Lui. Cela arrive notamment lorsque nous écoutons sa Parole, l'Évangile, que nous devons avoir dans notre poche ou notre sac, ne l'oublions pas, pour le lire continuellement. Et cela aussi apporte la consolation. Lorsque nous restons en prière silencieuse en sa présence, lorsque nous le rencontrons dans l'Eucharistie ou dans le sacrement du pardon. Tout cela nous console.

Laissons alors l'invitation d'Isaïe — « Consolez, consolez mon peuple » — résonner dans notre cœur. Aujourd'hui, nous avons besoin de personnes qui témoignent de la miséricorde et de la tendresse du Seigneur, qui secoue les résignés, ranime les découragés, allume le feu de l'espérance. C'est Lui qui allume le feu de l'espérance, pas nous ! Tant de situations demandent notre témoignage consolateur. Être des personnes joyeuses, consolées. Je pense à tous ceux qui sont opprimés par les souffrances, les injustices et les abus, à ceux qui sont esclaves de l'argent, du pouvoir, du succès, de la mondanité. Les pauvres, ils ont des consolations factices, pas la vraie consolation du Seigneur ! Tous nous sommes appelés à consoler nos frères, en témoignant que seul Dieu peut éliminer les causes des drames existentiels et spirituels. Il peut le faire ! Il est puissant !

Le message d'Isaïe est un baume sur nos blessures et une incitation à s'engager à préparer le chemin du Seigneur. Le prophète, en effet, parle à notre cœur pour nous dire que Dieu oublie nos péchés et nous console. Si nous nous confions à Lui avec un cœur humble et repenti, Il abattra les murs du mal, remplira les vides laissés par nos omissions, aplanira les aspérités de l'orgueil et de la vanité et ouvrira la voie de la rencontre avec Lui. C'est curieux, mais souvent nous avons peur d'être consolés. Au contraire, nous nous sentons plus en sécurité dans la tristesse et dans la désolation. Vous savez pourquoi ? Parce que dans la tristesse, nous nous sentons presque protagonistes. Mais en revanche, dans la consolation c'est l'Esprit saint le protagoniste ! C'est Lui qui nous console, c'est Lui qui nous donne le courage de sortir de nous. C'est Lui qui nous conduit à la source de toute vraie consolation, c'est-à-dire le Père. Et c'est cela la conversion. S'il vous plaît, laissez-vous consoler par le Seigneur !

(Angélus, place Saint-Pierre, deuxième dimanche de l'Avent, 7 décembre 2014)

Dieu m'apprend à marcher

Dans le chapitre 11 du prophète Osée, nous pénétrons dans la tendresse de Dieu. Dieu raconte à son peuple combien il l'aime, combien il prend soin de lui. Ce qu'il dit là, il le dit à chacun de nous. Et il sera bon de reprendre ce texte à un moment de solitude, de nous mettre en présence de Dieu et d'écouter : « Quand tu étais enfant, je t'ai aimé ; je t'ai aimé enfant ; je t'ai sauvé ; je t'ai conduit hors de l'Égypte, je t'ai sauvé de l'esclavage », de l'esclavage du péché, de l'esclavage de l'autodestruction et de tous les esclavages que chacun connaît, qu'il a subis et qu'il a en lui. « Je t'ai sauvé, je t'ai appris à marcher. » Qu'il est beau d'entendre que Dieu m'apprend à marcher ! Le Tout-Puissant s'abaisse et m'apprend à marcher. Je me souviens de cette phrase du Deutéronome, quand Moïse dit à son peuple : « Écoutez-vous : quand donc avez-vous vu un dieu aussi proche de son peuple, de la même façon que Dieu est proche de nous ? » Et la proximité de Dieu est cette tendresse. Sans Lui je ne saurais pas marcher dans l'Esprit. « Et je te tenais par la main. Mais tu n'as pas compris que je te guidais, tu croyais que je t'aurais laissé seul. » C'est l'histoire de chacun de nous. « Je te conduisais avec des liens humains, non avec des lois punitives. » Avec des liens d'amour, des nœuds d'amour. L'amour lie, mais il lie dans la liberté ; il lie en te laissant de la place pour que tu répondes avec amour. « J'étais pour toi comme celui qui soulève un enfant contre sa joue et l'embrasse. Et je me penchais et lui donnais à manger. »

Chacun de nous peut lire ici sa propre histoire. « Dis-moi, comment pourrais-je t'abandonner à présent ? Comment pourrais-je te remettre à l'ennemi ? » Dans les moments où nous avons peur, dans les moments où nous sommes incertains, Il nous dit : « Si j'ai fait tout cela pour toi, comment peux-tu penser que je te laisserais seul, que je puisse t'abandonner ? » [...]

« Comment pourrais-je te traiter comme un ennemi ? Mon cœur s'émeut en moi et toute ma tendresse s'éveille. » Il est l'Unique capable d'une tendresse chaleureuse. Je ne laisserai pas libre cours à la colère pour les péchés qui existent, pour toutes ces incompréhensions, pour le fait d'adorer les idoles. Car je suis Dieu, je suis le Saint au milieu de toi. C'est une déclaration d'amour d'un père à son fils. Et à chacun de nous. [...]

(Homélie, troisième Retraite mondiale des prêtres, basilique Saint-Jean-de-Latran, vendredi 12 juin 2015)

Le Vivant et le Miséricordieux

Cette célébration a un très beau nom : l'Évangile de la Vie. [...] En partant de la Parole de Dieu que nous avons écoutée, je voudrais vous proposer trois points simples de méditation pour notre foi : d'abord, la Bible nous révèle le Dieu Vivant, le Dieu qui est vie et source de la vie ; ensuite, Jésus Christ donne la vie, et l'Esprit saint nous maintient dans la vie ; enfin, suivre le chemin de Dieu conduit à la vie, tandis que suivre les idoles conduit à la mort.

La première lecture, tirée du second livre de Samuel, nous parle de vie et de mort. Le roi David veut cacher l'adultère commis avec la femme d'Urie le Hittite, un soldat de son armée, et pour cela, il ordonne de placer Urie en première ligne pour qu'il soit tué dans la bataille. La Bible nous montre le drame humain dans toute sa réalité, le bien et le mal, les passions, le péché et ses conséquences. Quand l'homme veut s'affirmer soi-même, s'enfermant dans son égoïsme et se mettant à la place de Dieu, il finit par semer la mort. L'adultère du roi David en est un exemple. Et l'égoïsme porte au mensonge, par lequel on cherche à tromper soi-même et le prochain. Mais on ne peut tromper Dieu, et le prophète dit à David : « Tu as fait ce qui est mal aux yeux de Dieu « (*cf.* 2 S 12,9). Le roi est mis en face de ses œuvres de mort, il comprend et demande pardon : « J'ai péché contre le Seigneur !« (v. 13). Et le Dieu miséricordieux, qui veut la vie et toujours nous pardonne, lui pardonne, lui rend la vie. Le prophète lui dit : « Le Seigneur a pardonné ton péché : tu ne mourras pas. » Quelle image avons-nous de Dieu ? Peut-être nous apparaît-il comme un juge sévère, comme quelqu'un qui limite notre liberté de vivre. Mais toute l'Écriture nous rappelle que Dieu est le Vivant, celui qui donne la vie et indique le chemin de la vie en plénitude. Je pense au début du livre de la Genèse : Dieu modèle l'homme avec la poussière du sol, insuffle dans ses narines une haleine de vie, et l'homme devient un être vivant (*cf.* 2,7). Dieu est la source de la vie ; c'est grâce à son souffle que l'homme a la vie, et c'est son souffle qui soutient le chemin de son existence terrestre. Je pense aussi à la vocation de Moïse, quand le Seigneur se présente comme le Dieu d'Abraham, d'Isaac et de Jacob, comme le Dieu des vivants. Et en envoyant Moïse au pharaon pour libérer son peuple, il révèle son nom : « Je suis Celui qui est », le Dieu qui se rend présent dans l'histoire, qui libère de l'esclavage, de la mort, et porte la vie au peuple parce qu'il est le Vivant. Je pense aussi au don des Dix Commandements : une route que Dieu nous indique pour une vie vraiment libre, pour une vie pleine. Ils ne sont pas un hymne au « non » — tu ne dois pas faire ceci, tu ne dois pas faire cela —, ils sont un hymne au « oui » à Dieu, à l'amour, à la vie. Notre vie atteint sa plénitude seulement en Dieu, parce lui seul est le Vivant !

Le passage de l'Évangile d'aujourd'hui nous fait faire un pas en avant. Jésus rencontre une femme pécheresse durant un repas dans la maison d'un pharisien, suscitant le scandale de ceux qui sont présents. Jésus se laisse approcher par elle et lui remet même ses péchés, disant : « Si ses nombreux péchés sont pardonnés, c'est à cause de son grand amour. Mais celui à qui on pardonne peu montre peu d'amour » (Lc 7,47). Jésus est l'incarnation du Dieu vivant, Celui qui porte la vie face à tant d'œuvres de mort, face au péché, à l'égoïsme, à la fermeture sur soi-même. Jésus accueille, aime, soulage, encourage, pardonne et donne d'une façon nouvelle la force de marcher, redonne vie. Dans tout l'Évangile, nous voyons comment Jésus, par les gestes et les paroles, porte la vie de Dieu qui transforme. C'est l'expérience de la femme qui oint avec du parfum les pieds du Seigneur : elle se sent comprise, aimée, et répond par un geste d'amour, se laisse toucher par la miséricorde de Dieu et obtient le pardon. Elle commence une nouvelle vie. Dieu, le Vivant, est miséricordieux.

Cela fut aussi l'expérience de l'apôtre Paul : « Ma vie aujourd'hui dans la condition humaine, je la vis dans la foi au Fils de Dieu qui m'a aimé et qui s'est livré pour moi » (Ga 2,20). Quelle est cette vie ? C'est la vie même de Dieu. Et qui nous introduit dans cette vie ? L'Esprit saint, don du Christ ressuscité. C'est Lui qui nous introduit dans la vie divine comme vrais fils de Dieu, comme fils dans le Fils Premier-né, Jésus Christ. Sommes-nous ouverts à l'Esprit saint ? Nous laissons-nous guider par lui ? Le chrétien est un homme spirituel, mais cela ne signifie pas qu'il vit « dans les nuages », hors de la réalité (comme si elle était un fantasme). Non ! Le chrétien est une personne qui pense et agit dans la vie quotidienne selon Dieu, une personne qui laisse sa vie être animée, nourrie par l'Esprit saint pour qu'elle soit remplie, en véritable enfant ; et cela signifie réalisme et fécondité. Celui qui se laisse conduire par l'Esprit saint est réaliste, il sait évaluer et apprécier la réalité, et il est aussi fécond : sa vie génère la vie autour de lui.

Dieu est le Vivant, Il est le Miséricordieux ! Jésus nous apporte la vie de Dieu, l'Esprit saint nous introduit et nous maintient dans la relation vitale de vrais enfants de Dieu. Mais souvent — nous le savons par expérience —, l'homme ne choisit pas la vie, n'accueille pas l'« Évangile de la Vie », mais se laisse guider par des idéologies et des logiques qui mettent des obstacles à la vie, qui ne la respectent pas, parce qu'elles sont dictées par l'égoïsme, l'intérêt, le profit, le pouvoir, le plaisir, et non pas par l'amour, par la recherche du bien de l'autre. C'est l'illusion constante de vouloir construire la cité de l'homme sans Dieu, sans la vie et l'amour de Dieu — une nouvelle tour de Babel.

C'est penser que le refus de Dieu, du message du Christ, de l'Évangile de la Vie, conduit à la liberté, à la pleine réalisation de l'homme. Le résultat est qu'au Dieu vivant, on substitue des idoles humaines et passagères, qui offrent l'ivresse d'un moment de liberté, mais qui sont à la fin porteuses de nouveaux esclavages et de mort. La sagesse du Psalmiste dit : « Les préceptes du Seigneur sont droits, ils réjouissent le cœur ; le commandement du Seigneur est limpide, il clarifie le regard » (Ps 19,9). Rappelons-nous : Dieu, le Vivant, est miséricordieux ! Le Seigneur est le Vivant, il est miséricordieux !

Regardons Dieu comme le Dieu de la Vie, regardons sa loi, le message de l'Évangile comme une voie de liberté et de vie. Le Dieu vivant nous rend libres ! Disons oui à l'amour et non à l'égoïsme, disons oui à la vie et non à la mort, disons oui à la liberté et non à l'esclavage de tant d'idoles de notre temps. En un mot, disons oui à Dieu qui est amour, vie et liberté, et jamais ne déçoit (*cf.* 1 Jn 4,8 ; Jn 11,25 ; Jn 8,32), à Dieu qui est le Vivant et le Miséricordieux. Seule la foi dans le Dieu vivant nous sauve, dans le Dieu qui en Jésus Christ nous a donné sa vie, et par le don de l'Esprit saint nous fait vivre en vrais enfants de Dieu. Cette foi nous rend libres et heureux. Demandons à Marie, Mère de la Vie, qu'elle nous aide à accueillir et à témoigner toujours de l'« Évangile de la Vie ». Qu'il en soit ainsi !

(Homélie, messe pour la journée « Evangelium Vitae », place Saint-Pierre, dimanche 16 juin 2013)

III

Aller trouver ceux qui souffrent

L'amour pour le prochain

[…] Au chapitre 10 de Luc se trouve la célèbre parabole du Bon Samaritain. Qui était cet homme ? C'était un homme quelconque, qui descendait de Jérusalem vers Jéricho sur la route qui traverse le désert de la Judée. Sur cette route, un homme venait d'être attaqué par des brigands, volé, frappé et abandonné à moitié mort. Avant le samaritain, un prêtre et un lévite sont passés, c'est-à-dire deux personnes attachées au culte dans le temple du Seigneur. Ils ont vu ce pauvre homme, mais ils sont passés sans s'arrêter. Le samaritain, au contraire, quand il vit cet homme, « fut saisi de pitié » (Lc 10,33). Il s'approcha, pansa ses plaies en y versant un peu d'huile et de vin ; puis il le chargea sur sa propre monture, le conduisit dans une auberge et paya le logement pour lui. En somme, il prit soin de lui : c'est l'exemple de l'amour pour le prochain. Mais pourquoi Jésus choisit-il un samaritain comme protagoniste de la parabole ? Parce que les samaritains étaient méprisés par les juifs, à cause de diverses traditions religieuses. Et pourtant Jésus montre que le cœur de ce samaritain est bon et généreux et que — à la différence du prêtre et du lévite — il met en pratique la volonté de Dieu, qui veut la miséricorde plus que les sacrifices (*cf.* Mc 12,33). Dieu veut toujours la miséricorde et non la condamnation de tous. Il veut la miséricorde du cœur, car Lui est miséricordieux et sait bien comprendre nos misères, nos difficultés et nos péchés. Il nous donne à tous ce cœur miséricordieux ! Le samaritain fait justement cela : il imite la miséricorde de Dieu, la miséricorde envers celui qui a besoin. […]

(Angélus, Castel Gandolfo, dimanche 14 juillet 2013)

DONNER LE CŒUR AUX INDIGENTS

[...] Les « Misericordie », ancienne expression du laïcat catholique, sont bien enracinées sur le territoire italien et sont engagées à témoigner de l'Évangile de la charité parmi les malades, les personnes âgées, les porteurs de handicap, les mineurs, les immigrés et les pauvres. Tout votre service prend sens et forme à partir de cette parole « *misericordia* », mot latin dont la signification étymologique est « *miseris cor dare* », « donner le cœur aux indigents », à ceux qui ont besoin, à ceux qui souffrent.

C'est ce qu'a fait Jésus : il a ouvert grand son cœur à la misère de l'homme. L'Évangile est riche d'épisodes qui présentent la miséricorde de Jésus, la gratuité de son amour pour les personnes qui souffrent et celles qui sont faibles. Dans les récits évangéliques, nous pouvons saisir la proximité, la bonté, la tendresse avec laquelle Jésus approchait les personnes qui souffraient et les consolait, leur apportait son réconfort, et souvent les guérissait. Sur l'exemple de notre Maître, nous sommes nous aussi appelés à nous faire proches, à partager la condition des personnes que nous rencontrons. Il faut que nos paroles, nos gestes, nos attitudes expriment la solidarité, la volonté de ne pas rester étrangers à la douleur des autres, et cela avec une chaleur fraternelle et sans tomber dans aucune forme de paternalisme.

Nous avons à notre disposition de nombreuses informations et statistiques sur la pauvreté et sur les problématiques humaines. Nous courons le risque d'être des spectateurs très informés et désincarnés de ces réalités, ou bien de faire de beaux discours qui se concluent par des solutions verbales et un désengagement par rapport aux problèmes réels. Trop de paroles, mais on ne fait rien ! Quand j'entends des conversations entre personnes qui connaissent les statistiques : « Quels malheurs, mon père ! Quels malheurs, quels malheurs ! » « Mais toi, qu'est-ce que tu fais pour ces malheurs ? » Rien, je parle : cela ne résout rien ! Des paroles, nous en avons entendues tant ! Ce qui sert c'est l'action, le témoignage chrétien, aller trouver ceux qui souffrent, s'approcher comme Jésus l'a fait. Imitons Jésus : il parcourt les rues et n'a planifié ni les pauvres, ni les malades, ni les porteurs de handicap qu'il croise le long du chemin ; mais il s'arrête avec le premier qu'il rencontre, devenant présence qui secourt, signe de la proximité de Dieu qui est bonté, providence et amour. [...]

(Discours aux « Misericordie » d'Italie et aux groupes « Fratres », place Saint-Pierre, samedi 14 juin 2014)

Faire le bien
sans rien attendre en retour

[…] L'essentiel, selon l'Évangile, c'est la miséricorde. Dieu a envoyé son Fils, Dieu s'est fait homme pour nous sauver, c'est-à-dire pour nous donner sa miséricorde. Jésus le dit clairement, résumant son enseignement aux disciples : « Soyez miséricordieux comme votre Père est miséricordieux » (Lc 6,36). Peut-il exister un chrétien qui ne soit pas miséricordieux ? Non. Le chrétien doit nécessairement être miséricordieux, car c'est là le cœur de l'Évangile. Et fidèle à cet enseignement, l'Église ne peut que répéter la même chose à ses enfants : « Soyez miséricordieux », comme l'est le Père et l'a été Jésus.

Et l'Église se comporte alors comme Jésus. Elle ne fait pas de leçons théoriques sur l'amour, sur la miséricorde. Elle ne diffuse pas dans le monde une philosophie, une voie de sagesse… Bien sûr, le christianisme est aussi tout cela, mais c'est une conséquence. Notre mère l'Église, comme Jésus, enseigne à travers l'exemple, et les paroles servent à éclairer le sens de ses gestes.

Notre mère l'Église nous enseigne à donner à manger et à boire à qui a faim et soif, à vêtir celui qui est nu. Et comment le fait-elle ? Elle le fait à travers l'exemple de nombreux saints et saintes, mais aussi à travers l'exemple de très nombreux pères et mères qui apprennent à leurs enfants que ce que nous avons en trop doit aller à ceux qui manquent de l'essentiel. Dans les familles chrétiennes les plus simples, la loi de l'hospitalité a toujours été sacrée : il y a toujours une assiette et un lit pour ceux qui en ont besoin. Une mère me racontait une fois qu'elle voulait apprendre cela à ses trois enfants ; elle leur disait d'aider et de donner à manger à ceux qui ont faim. Et un jour, pendant le déjeuner — le papa était parti travailler, elle était avec ses trois petits, de plus ou moins 7, 5 et 4 ans —, on frappa à la porte : un homme venait demander à manger. La maman lui dit d'attendre un moment, elle rentra et demanda à ses enfants : « Il y a là un homme qui demande à manger, que faisons-nous ? » « Nous lui donnons, maman ! » Chacun avait dans son assiette un bifteck et des frites. « Très bien — a-t-elle dit —, chacun lui donnera la moitié de son bifteck. » « Ah non, maman, ça ne va pas ! » « C'est ainsi, tu dois donner ce qui est à toi. » C'est un bel exemple qui m'a beaucoup aidé. « Mais je n'ai rien en plus… » « Donne ce qui est à toi ! » C'est ce que nous enseigne notre mère l'Église. […]

Elle nous enseigne aussi à être proche de ceux qui sont malades. Combien de saints et de saintes ont servi Jésus de cette façon ! Et combien d'hommes et de femmes mettent en pratique tous les jours cette œuvre de miséricorde dans une chambre d'hôpital, ou d'une maison de repos, ou dans leur propre maison, en assistant une personne malade.

Notre mère l'Église enseigne à être proche de ceux qui sont en prison. « Non, mon père, c'est dangereux, ce sont des personnes mauvaises. » Mais chacun de nous est capable de faire comme cet homme ou cette femme qui est en prison. Nous sommes tous capables de pécher, de faire des erreurs. Il n'est pas plus mauvais que toi ou moi ! La miséricorde franchit chaque mur, chaque barrière, et te conduit toujours à chercher le visage de l'homme, de la personne. La miséricorde change le cœur et la vie, elle peut régénérer une personne et lui permettre de s'insérer d'une nouvelle manière dans la société.

Notre mère l'Église enseigne à être proche de celui qui est abandonné et meurt seul. C'est ce qu'a fait la bienheureuse Teresa dans les rues de Calcutta ; c'est ce qu'a fait et font tant de chrétiens qui n'ont pas peur de serrer la main de celui qui va quitter ce monde. Et ici aussi, la miséricorde apporte la paix à celui qui part et à celui qui reste, en nous faisant sentir que Dieu est plus grand que la mort, et qu'en restant en Lui, même la dernière séparation est un « au revoir ». La bienheureuse Teresa avait bien compris cela. On lui disait : « Mère, vous perdez votre temps. » Elle trouvait des personnes mourantes dans la rue, les rats commençaient à dévorer leur corps, et elle les conduisait chez elle afin qu'elles meurent dans la propreté, la tranquillité, entourées de caresses, en paix. Et tant d'hommes et de femmes ont fait comme elles, ont aidé les personnes à bien mourir, en paix.

Il ne suffit pas d'aimer qui nous aime. Jésus dit que ce sont les païens qui le font. Il ne suffit pas de faire du bien à qui nous fait du bien. Pour changer le monde en mieux, il faut faire du bien à qui n'est pas en mesure de nous donner quelque chose en retour, comme le Père l'a fait avec nous, en nous donnant Jésus. Combien avons-nous payé pour notre rédemption ? Rien, tout a été gratuit ! Faire le bien sans rien attendre en retour. C'est ainsi qu'a fait le Père avec nous, et nous devons faire la même chose. [...]

(Audience générale, place Saint-Pierre, mercredi 10 septembre 2014)

EMBRASSER CELUI QUI EST DANS LE BESOIN

[…] La conversion de saint François d'Assise est bien connue : le jeune François abandonne richesses et confort pour se faire pauvre parmi les pauvres ; il comprend que ce ne sont pas les choses, l'avoir, les idoles du monde qui sont la vraie richesse et qui donnent la vraie joie, mais le fait de suivre le Christ et de servir les autres. Peut-être le moment où tout cela devient concret dans sa vie est moins connu : quand il embrasse un lépreux. Ce frère souffrant a été « médiateur de la lumière […] pour saint François d'Assise » (Lettre encyclique *Lumen fidei*, n° 57), parce que, en chaque frère et sœur en difficulté, nous embrassons la chair souffrante du Christ. […]

Embrasser. Nous avons tous besoin d'apprendre à embrasser celui qui est dans le besoin, comme a fait saint François. Il y a tant de situations dans le monde qui demandent attention, soin, amour, comme la lutte contre la dépendance chimique. Malheureusement, c'est souvent l'égoïsme qui prévaut dans nos sociétés. Combien de « marchands de mort » suivent la logique du pouvoir et de l'argent à n'importe quel prix ! La plaie du narcotrafic, qui favorise la violence et sème douleur et mort, requiert un acte de courage de toute la société. […] Il est nécessaire d'affronter les problèmes à la base, en promouvant une plus grande justice, en éduquant les jeunes aux valeurs qui construisent la vie commune, en accompagnant celui qui est en difficulté et en donnant espoir dans l'avenir. Nous avons tous besoin de regarder l'autre avec le regard d'amour du Christ, d'apprendre à embrasser celui qui est dans le besoin, afin de lui exprimer proximité, affection, amour.

Mais embrasser n'est pas suffisant. Tendons la main à celui qui est en difficulté et disons-lui : tu peux te relever, tu peux refaire surface, cela demande un effort, mais c'est possible si tu le veux. Tu as le premier rôle dans ton relèvement, voilà la condition indispensable ! Tu trouveras la main tendue de qui voudra bien t'aider, mais personne ne peut remonter à ta place. Mais tu n'es jamais seul. L'Église et beaucoup de personnes te sont proches. Regarde avec confiance devant toi. Ton trajet est long et pénible, mais regarde devant, il y a « un avenir certain, qui se situe dans une perspective différente des propositions illusoires des idoles du monde, mais qui donne un nouvel élan et de nouvelles forces à la vie quotidienne » (*Lumen fidei*, n° 57). [...]

Dans l'Évangile, nous lisons la parabole du Bon Samaritain qui parle d'un homme assailli par des brigands et laissé comme mort sur le bord de la route. Les gens passent, regardent et ne s'arrêtent pas. Ils continuent, indifférents, leur route : ce n'est pas leur affaire ! Que de fois disons-nous : ce n'est pas mon problème ! Que de fois passons-nous de l'autre côté et faisons-nous semblant de ne pas voir ! Seul un samaritain, un inconnu, le voit, s'arrête, le soulage, lui tend la main et le soigne (*Cf.* Lc 10,29-35). Je crois qu'ici, dans cet hôpital, la parabole du Bon Samaritain se fait concrète. Ici, ce n'est pas l'indifférence, mais l'attention. Ce n'est pas le désintérêt, mais l'amour. [...] Votre service est précieux, faites-le toujours avec amour ; c'est un service rendu au Christ présent dans les frères : « Chaque fois que vous l'avez fait à l'un de ces petits qui sont mes frères, c'est à moi que vous l'avez fait » (Mt 25,40), nous dit Jésus. [...]

(Discours lors de la visite à l'hôpital Saint-François d'Assise, Rio de Janeiro, mercredi 24 juillet 2013)

La charité de Jésus est une urgence

[...] Jésus a choisi la voie de l'humilité et du service. Plus encore, Lui-même en personne *est* cette voie. Jésus n'a pas été indécis, il n'a pas été indifférent : il a fait un choix et il l'a mené jusqu'au bout. Il a choisi de devenir homme, et comme homme de se faire serviteur, jusqu'à la mort en croix. Il s'agit de la voie de l'amour : il n'y en a pas d'autre. C'est pourquoi nous voyons que la charité n'est pas un simple assistancialisme, ni un assistancialisme pour tranquilliser les consciences. Non, cela n'est pas de l'amour, mais un commerce, une affaire. L'amour est gratuit. La charité, l'amour, est un choix de vie, une manière d'être. C'est la voie de l'humilité et de la solidarité. Il n'y a pas d'autre voie pour cet amour : être humbles et solidaires. Ce mot, solidarité, dans cette culture du rebut, où ce qui ne sert pas est jeté dehors, pour que ne restent que ceux qui se sentent justes, purs, propres — les pauvres ! —, ce mot risque d'être effacé du dictionnaire, car c'est un mot qui dérange. Pourquoi ? Parce qu'il t'oblige à regarder l'autre et à te donner à l'autre avec amour. Et nous disons : voilà la voie, l'humilité et la solidarité. Pourquoi ? Est-ce nous les prêtres qui l'avons inventée ? Non ! C'est Jésus, c'est Lui qui l'a dit ! Et nous voulons emprunter cette route. L'humilité du Christ n'est pas un moralisme, un sentiment. L'humilité du Christ est réelle, c'est le choix d'être petit, d'être avec les petits, avec les exclus, d'être entre nous, qui sommes tous pécheurs. Attention, ce n'est pas une idéologie !

C'est une manière d'être et de vivre qui part de l'amour, qui part du cœur de Dieu. [...]

Mais il ne suffit pas de regarder, il faut suivre ! Jésus n'est pas venu dans le monde pour faire un défilé, pour se faire voir. Jésus est le chemin, et un chemin sert à marcher, à être parcouru. [...] Nous ne pouvons pas suivre Jésus sur la voie de la charité si nous ne nous aimons pas d'abord entre nous, si nous ne nous efforçons pas de collaborer, de nous comprendre mutuellement et de nous pardonner, en reconnaissant chacun ses propres limites et ses propres erreurs. Nous devons accomplir les œuvres de miséricorde, mais avec miséricorde ! Avec le cœur présent. Les œuvres de charité avec charité, avec tendresse et toujours avec humilité. Parfois on trouve aussi de l'arrogance dans le service aux pauvres, dans le service à ceux qui ont besoin de notre service. Certains se pavanent, se vantent avec les pauvres ; certains les instrumentalisent pour leur intérêt personnel ou celui de leur groupe. Je sais, c'est humain, mais cela ne va pas ! Et je vais plus loin : c'est un péché ! C'est un péché grave, car c'est utiliser les indigents, ceux qui ont besoin, qui sont la chair de Jésus, pour sa vanité. Il vaudrait mieux que ces personnes restent chez elles.

Suivre donc Jésus sur la voie de la charité, aller avec Lui dans les périphéries existentielles. « La charité de Jésus est une urgence ! », disait Paul (*cf.* 2 Co 5,14). Pour le bon pasteur, ce qui est loin, périphérique, ce qui est perdu et méprisé fait l'objet d'un plus grand soin, et l'Église ne peut que faire siennes cette prédilection et cette attention. Dans l'Église, les premiers sont ceux qui ont le plus de besoins, humains, spirituels, matériels. [...]

(Discours lors d'une rencontre avec les pauvres et les détenus, cathédrale de Cagliari, dimanche 22 septembre 2013)

Nous ne pouvons pas aimer Dieu si nous n'aimons pas nos frères

[...] « Et nous devons, nous aussi, donner notre vie pour nos frères » (1 Jn 3,16). À côté de notre souffrance, ou mieux encore, dans notre souffrance, il y a celle de Jésus qui en supporte le fardeau avec nous et en révèle le sens. Quand le Fils de Dieu est monté sur la croix, il a anéanti la solitude de la souffrance et en a éclairé l'obscurité. Ainsi, nous nous trouvons devant le mystère de l'amour de Dieu pour nous, qui nous donne espérance et courage : espérance, parce que dans le plan d'amour de Dieu, la nuit de la douleur s'ouvre aussi à la lumière pascale ; et courage, pour affronter toute adversité en sa compagnie, unis à lui.

Le Fils de Dieu fait homme n'a pas soustrait la maladie et la souffrance de l'expérience humaine mais, en les assumant, il les a transformées et redimensionnées. Redimensionnées parce qu'elles n'ont plus le dernier mot qui est, au contraire, la vie nouvelle en plénitude. Transformées parce qu'en union avec le Christ, de négatives elles peuvent devenir positives. Jésus est la vie et, avec son Esprit, nous pouvons le suivre. Comme le Père a donné son Fils par amour, et le Fils s'est donné lui-même par le même amour, nous aussi, nous pouvons aimer les autres comme Dieu nous a aimés, en donnant notre vie pour nos frères. La foi dans le Dieu bon devient bonté, la foi dans le Christ crucifié devient force d'aimer jusqu'au bout, même les ennemis. La preuve de la foi authentique dans le Christ est le don de soi, l'amour envers le prochain, surtout envers celui qui ne le mérite pas, envers celui qui souffre, celui qui est marginalisé.

En vertu du baptême et de la confirmation, nous sommes appelés à nous conformer au Christ, le Bon Samaritain de tous ceux qui souffrent. « Voici comment nous avons reconnu l'amour : lui, Jésus, a donné sa vie pour nous. Nous aussi, nous devons donner notre vie pour nos frères » (1 Jn 3,16). Lorsque nous nous approchons avec tendresse de ceux qui ont besoin de soin, nous leur apportons l'espérance et le sourire de Dieu dans les contradictions du monde. Quand le dévouement généreux envers les autres devient le style de nos actions, nous faisons une place au cœur du Christ et nous en sommes réchauffés, offrant ainsi notre contribution à l'avènement du Royaume de Dieu. […]

Saint Jean, le disciple qui se tenait au pied de la Croix avec Marie, nous fait remonter aux sources de la foi et de la charité, au cœur de Dieu qui « est amour » (1 Jn 4,8.16) et nous rappelle que nous ne pouvons pas aimer Dieu si nous n'aimons pas nos frères. […]

(Message pour la XXIIe Journée mondiale du malade 2014, 6 décembre 2013)

On ne peut servir deux maîtres : Dieu et la richesse

[...] « Une femme oublie-t-elle son petit enfant, est-elle sans pitié pour le fils de ses entrailles ? Même si les femmes oubliaient, moi, je ne t'oublierai pas » (Is 49,15). Comme cela est beau ! Dieu ne nous oublie pas. Il n'oublie aucun d'entre nous, ni son nom, ni son prénom. Quelle belle perspective... Cette invitation à la confiance en Dieu trouve un parallèle dans l'Évangile de Matthieu : « Regardez les oiseaux du ciel — dit Jésus — : ils ne sèment ni ne moissonnent ni ne recueillent en des greniers, et votre Père céleste les nourrit... Observez les lis des champs, comme ils poussent : ils ne peinent ni ne filent. Or je vous dis que Salomon lui-même, dans toute sa gloire, n'a pas été vêtu comme l'un d'eux » (Mt 6,26.28-29).

En pensant aux nombreuses personnes qui vivent dans des conditions précaires, ou même dans une pauvreté qui offense leur dignité, ces paroles de Jésus pourraient sembler abstraites, sinon illusoires. Mais en réalité, elles sont plus que jamais actuelles ! Elles nous rappellent qu'on ne peut servir deux maîtres : Dieu et la richesse. Tant que chacun cherchera à accumuler pour soi, il n'y aura pas de justice. Nous devons bien comprendre cela. Si au contraire, en se confiant à la providence de Dieu, nous cherchons ensemble son Royaume, alors personne ne manquera du nécessaire pour vivre dignement.

Un cœur occupé par la soif de posséder est un cœur vide de Dieu. C'est pour cela que Jésus a averti plusieurs fois les riches, car pour eux, le risque de placer leur sécurité dans les biens de ce monde est grand, et la sécurité définitive est en Dieu. Dans un cœur possédé par les richesses, il n'y a plus beaucoup de place pour la foi. Si, au contraire, on laisse à Dieu la place qui lui revient, c'est-à-dire la première, alors son amour conduit à partager aussi les richesses, à les mettre au service de projets de solidarité et de développement, comme le montrent tant d'exemples, même récents, dans l'histoire de l'Église. Et ainsi, la providence de Dieu passe à travers notre service aux autres, notre partage avec les autres. Si chacun d'entre nous n'accumule pas les richesses seulement pour soi mais les place au service des autres, alors la providence de Dieu devient visible dans ce geste de solidarité. Mais si quelqu'un accumule seulement pour lui, que lui arrivera-t-il quand il sera appelé par Dieu ? Il ne pourra pas emporter les richesses avec lui, car le linceul n'a pas de poches ! Il est préférable de partager, car au ciel, nous n'apportons que ce que nous avons partagé avec les autres.

Le chemin que Jésus indique peut sembler peu réaliste par rapport à la mentalité commune et aux problèmes de la crise économique. Mais, si l'on y pense bien, il nous ramène à la juste échelle des valeurs. Il dit : « La vie n'est-elle pas plus que la nourriture, et le corps plus que le vêtement ? » (Mt 6,25). Afin que personne ne manque de pain, d'eau, de vêtements, d'une maison, d'un travail ou de la santé, il faut que nous nous reconnaissions tous enfants du Père qui est dans les cieux et donc frères entre nous, et que nous nous comportions en conséquence. […]

(Angélus, place Saint-Pierre, 6 décembre 2013)

Le chrétien est celui qui a appris à accueillir

« Le Seigneur donnera ses bienfaits, et notre terre donnera son fruit », ainsi dit le psaume (84,13). Nous sommes invités à célébrer cette mystérieuse communion entre Dieu et son peuple, entre Dieu et nous. Une communion qui donne toujours du fruit, qui donne toujours la vie. Cette confiance jaillit de la foi, savoir que nous pouvons compter sur sa grâce, qui toujours transformera et irriguera notre terre.

Une confiance qui s'apprend. Une confiance qui se forme progressivement au sein d'une communauté, dans la vie d'une famille. Une confiance qui devient témoignage sur les visages de tous ceux qui nous poussent à suivre Jésus, à être disciples de Celui qui ne déçoit jamais. Le disciple se sent invité à faire confiance, il se sent invité par Jésus à être son ami, à partager son destin, à partager sa vie. « Je ne vous appelle plus serviteurs, car le serviteur ne sait pas ce que fait son maître ; je vous appelle mes amis, car tout ce que j'ai appris de mon Père, je vous l'ai fait connaître » (Jn 15,15). Les disciples sont ceux qui apprennent à vivre dans la confiance de l'amitié de Jésus.

Et l'Évangile nous dit ce que signifie être disciple. Il nous donne la carte d'identité du chrétien. Sa lettre de présentation, ses lettres de créance. Jésus appelle ses disciples et les envoie en leur donnant des règles claires, précises. Il les place face à des défis avec une série d'attitudes et de comportements qu'ils doivent avoir. Et elles ne sont pas rares les fois où ceux-ci peuvent nous paraître exagérés ou absurdes ; des comportements qu'il serait plus facile de lire symboliquement ou « spirituellement ». Mais Jésus est bien clair. Il ne leur dit pas « faites comme si » ou « faites ce que vous pouvez ».

Rappelons-nous ces recommandations : « et il leur prescrivit de ne rien prendre pour la route, mais seulement un bâton ; pas de pain, pas de sac, pas de pièces de monnaie dans leur ceinture. [...] Quand vous avez trouvé l'hospitalité dans une maison, restez-y jusqu'à votre départ » (*cf.* Mc 6,8-11).

Nous pourrions nous concentrer sur les mots « pain », « pièces », « sac », « bâton », « sandales », « tunique ». Et ce serait légitime. Mais il me semble qu'il y a un mot-clé, qui pourrait passer inaperçu face à la force de ceux que je viens d'énumérer. Une parole centrale dans la spiritualité chrétienne, dans l'expérience du fait d'être disciple : l'hospitalité. Jésus, en bon maître, pédagogue, les envoie pour vivre l'hospitalité. Il leur dit : « Restez là où l'on vous accueillera. » Il les envoie pour apprendre une des caractéristiques fondamentales de la communauté croyante. Nous pourrions dire que le chrétien est celui qui a appris à recevoir, à accueillir.

Jésus ne les envoie pas comme des puissants, comme des propriétaires, des chefs, ou bien munis de lois, de règles. Au contraire, il leur indique que le chemin du chrétien est simplement de transformer le cœur. Transformer le sien et aider à transformer celui des autres. Apprendre à vivre d'une autre manière, avec une autre loi, sous une autre norme. C'est passer de la logique de l'égoïsme, de la fermeture, de l'affrontement, de la division, de la supériorité, à la logique de la vie, de la gratuité, de l'amour. De la logique de la domination, de l'oppression, de la manipulation, à la logique de l'accueil, du recevoir et de la sollicitude. [...]

L'Église est la mère au cœur ouvert qui sait accueillir, recevoir, en particulier celui qui a besoin de plus de soin, qui est en plus grande difficulté. L'Église, telle que Jésus la veut, est la maison de l'hospitalité. Et que de bien pouvons-nous faire si nous acceptons d'apprendre ce langage de l'hospitalité, ce langage de l'hébergement et de l'accueil ! Que de blessures, que de désespoirs peuvent être soignés dans une maison où l'on se sent accueilli ! C'est pourquoi il faut garder les portes ouvertes, surtout celles du cœur.

Hospitalité envers l'affamé, envers l'assoiffé, envers l'étranger, envers celui qui est nu, envers le malade, envers le prisonnier (*cf.* Mt 25,34-37), envers le lépreux, envers le paralytique. Hospitalité envers celui qui ne pense pas comme nous, envers celui qui n'a pas la foi ou l'a perdue. Et parfois, par notre faute. Hospitalité envers le persécuté, envers le chômeur. Hospitalité envers les cultures différentes. Hospitalité envers le pécheur, parce que chacun de nous l'est aussi.

Bien souvent nous oublions qu'il y a un mal qui précède nos péchés. Une racine qui cause beaucoup de dommages et détruit silencieusement de nombreuses vies. Il y a un mal qui, peu à peu, s'installe dans notre cœur et « mange » notre vitalité : la solitude. Elle peut avoir beaucoup de causes. Combien elle détruit la vie et combien elle nous fait du mal ! Elle nous sépare progressivement des autres, de Dieu, de la communauté. Elle nous renferme peu à peu sur nous-même. D'où la mission de l'Église, cette mère, qui n'est pas avant tout de gérer des projets, mais d'apprendre à vivre la fraternité avec les autres. Le meilleur témoignage que Dieu est Père, c'est la fraternité accueillante, parce qu'« à ceci tous reconnaîtront que vous êtes mes disciples : si vous avez de l'amour les uns pour les autres » (Jn 13,35).

De cette façon, Jésus nous ouvre à une logique nouvelle. Un horizon plein de vie, de beauté, de vérité, de plénitude.

Dieu ne ferme jamais les horizons, Dieu n'est jamais passif devant la vie, il n'est jamais passif face à la souffrance de ses enfants. Dieu ne se laisse jamais vaincre en générosité. C'est pourquoi il nous envoie son Fils, il le donne, il le livre, il le partage ; afin que nous apprenions le chemin de la fraternité, le chemin du don. C'est un horizon absolument nouveau, c'est une parole nouvelle pour tant de situations d'exclusion, de désagrégation, de fermeture, d'isolement. C'est une parole qui rompt le silence de la solitude. [...]

Nous ne pouvons obliger personne à nous recevoir, à nous offrir l'hospitalité. C'est certain et cela fait partie de notre pauvreté et de notre liberté. Mais il est aussi certain que personne ne peut nous demander de ne pas accueillir et embrasser la vie de nos frères, surtout la vie de ceux qui ont perdu l'espérance et le goût de vivre. Comme il est beau d'imaginer nos paroisses, nos communautés, nos chapelles où se trouvent les chrétiens, non pas avec les portes fermées mais comme de vrais centres de rencontre entre nous et Dieu. Comme des lieux d'hospitalité et d'accueil. [...]

Accueillir comme la terre qui ne domine pas la semence, mais qui la reçoit, la nourrit et la fait germer. C'est ainsi que nous voulons être chrétiens, que nous voulons vivre la foi, en accueillant la vie de Dieu dans nos frères avec confiance, avec la certitude que « le Seigneur donnera ses bienfaits, et notre terre donnera son fruit ». Ainsi soit-il.

(Homélie, Asuncion, Paraguay, dimanche 12 juillet 2015)

Nous sommes les gardiens de nos frères et sœurs

[...] L'amour de Dieu entend atteindre tous et chacun, en transformant ceux qui accueillent l'étreinte du Père en autant de bras qui s'ouvrent et qui étreignent afin que quiconque sache qu'il est aimé comme fils et se sente « chez lui » dans l'unique famille humaine. De la sorte, l'attention paternelle de Dieu est bienveillante envers tous, comme celle du pasteur avec ses brebis, mais elle est particulièrement sensible aux besoins de la brebis blessée, fatiguée ou malade. Jésus Christ nous a parlé ainsi du Père, pour nous dire qu'il se penche sur l'homme blessé par la misère physique ou morale et, plus ses conditions s'aggravent, plus se révèle l'efficacité de la miséricorde divine.

À notre époque, les flux migratoires sont en constante augmentation en tous lieux de la planète : les réfugiés et les personnes qui fuient leur patrie interpellent les individus et les collectivités, défiant leurs modes de vie traditionnels et bouleversant parfois l'horizon culturel et social auquel ils sont confrontés. Toujours plus souvent, les victimes de la violence et de la pauvreté, en abandonnant leurs terres d'origine, subissent l'outrage des trafiquants de personnes humaines au cours du voyage vers leur rêve d'un avenir meilleur. Si elles survivent aux abus et aux adversités, elles doivent ensuite se heurter à des réalités où se nichent suspicions et peurs. Très souvent, enfin, elles doivent faire face à l'absence de normes claires et pratiques pour réglementer leur accueil et pour prévoir des itinéraires d'intégration à court et à long terme, avec une attention portée aux droits et aux devoirs de tous. Plus que par le passé, l'Évangile de la miséricorde secoue aujourd'hui les consciences, empêche que l'on s'habitue à la souffrance de l'autre et indique des chemins de réponse qui s'enracinent dans les vertus théologales de la foi, de l'espérance et de la charité, en se déclinant en œuvres de miséricorde spirituelle et corporelle.

[...] Les migrants sont nos frères et sœurs qui cherchent une vie meilleure loin de la pauvreté, de la faim, de l'exploitation et de la répartition injuste des ressources de la planète qui devraient être divisées équitablement entre tous. N'est-ce pas le désir de chacun d'améliorer ses conditions de vie et d'obtenir un bien-être honnête et légitime, à partager avec les êtres qui lui sont chers ?

En ce moment de l'histoire de l'humanité fortement caractérisé par les migrations, la question de l'identité n'est pas une question d'une importance secondaire. Celui qui migre, en effet, est contraint de modifier certains aspects qui définissent sa personne et, même s'il ne le veut pas, force celui qui l'accueille à changer. Comment vivre ces mutations, afin qu'elles ne deviennent pas un obstacle au développement, mais soient une opportunité pour une authentique croissance humaine, sociale et spirituelle, en respectant et en favorisant les valeurs qui rendent l'homme toujours plus homme, dans un juste rapport avec Dieu, avec les autres et avec la création ?

De fait, la présence des migrants et des réfugiés interpelle sérieusement les diverses sociétés qui les accueillent. Elles doivent faire face à des faits nouveaux qui peuvent se révéler délétères s'ils ne sont pas correctement motivés, gérés et régulés. Comment faire pour que l'intégration se transforme en un enrichissement réciproque, ouvre des parcours positifs aux communautés et prévienne le risque de la discrimination, du racisme, du nationalisme extrême ou de la xénophobie ?

La révélation biblique encourage l'accueil de l'étranger, en le motivant par la certitude qu'en agissant ainsi on ouvre les portes à Dieu lui-même et que sur le visage de l'autre se manifestent les traits de Jésus Christ. De nombreuses institutions, associations, mouvements, groupes engagés, organismes diocésains, nationaux et internationaux font l'expérience de l'émerveillement et de la joie de la fête de la rencontre, de l'échange et de la solidarité. Ils ont reconnu la voix de Jésus Christ : « Voici, je me tiens à la porte et je frappe » (Ap 3,20). Pourtant, les débats sur les conditions et sur les limites à poser à l'accueil ne cessent de se multiplier, non seulement au niveau des politiques des États, mais aussi au sein de certaines communautés paroissiales qui voient leur tranquillité traditionnelle menacée.

Face à ces questions, comment l'Église peut-elle agir, sinon en s'inspirant de l'exemple et des paroles de Jésus Christ ? La réponse de l'Évangile est la miséricorde.

En premier lieu, celle-ci est un don de Dieu le Père révélé dans le Fils : la miséricorde reçue de Dieu suscite, en effet, une joyeuse gratitude pour l'espérance que nous a offerte le mystère de la rédemption dans le sang du Christ. Par ailleurs, elle alimente et renforce la solidarité envers le prochain, comme exigence pour répondre à l'amour gratuit de Dieu, « qui a été répandu dans nos cœurs par l'Esprit saint » (Rm 5,5). Chacun de nous est responsable de son voisin : nous sommes les gardiens de nos frères et sœurs, où qu'ils vivent. Entretenir de bons contacts individuels et savoir surmonter les préjugés et les peurs sont des ingrédients essentiels pour faire fructifier la culture de la rencontre, où l'on est disposé non seulement à donner, mais aussi à recevoir des autres. En effet, l'hospitalité vit à la fois de ce qui est donné et reçu.

Dans cette perspective, il est important de considérer les migrants non seulement en fonction de la régularité ou de l'irrégularité de leur condition, mais surtout comme des personnes qui, une fois leur dignité assurée, peuvent contribuer au bien-être et au progrès de tous, en particulier lorsqu'ils assument la responsabilité de leurs devoirs envers ceux qui les accueillent, en respectant de façon reconnaissante le patrimoine matériel et spirituel du pays hôte, en obéissant à ses lois et en contribuant à ses charges. En tout cas, on ne peut pas réduire les migrations à une dimension politique et normative, à des effets économiques, ni à une simple coexistence de cultures différentes sur un même territoire. Ces aspects viennent compléter la défense et la promotion de la personne humaine, la culture de la rencontre des peuples et de l'unité, là où l'Évangile de la miséricorde inspire et encourage des itinéraires qui renouvellent et transforment l'humanité tout entière. [...]

Chers frères et sœurs migrants et réfugiés, à la racine de l'Évangile de la miséricorde, la rencontre et l'accueil de l'autre sont liés à la rencontre et à l'accueil de Dieu : accueillir l'autre, c'est accueillir Dieu en personne ! Ne vous laissez pas voler l'espérance et la joie de vivre jaillissant de l'expérience de la miséricorde de Dieu, qui se manifeste dans les personnes que vous rencontrez le long de votre chemin. Je vous confie à la Vierge Marie, Mère des migrants et des réfugiés, et à saint Joseph, qui ont vécu l'amertume de l'émigration en Égypte. [...]

(Message pour la Journée mondiale des migrants et des réfugiés 2016, 12 septembre 2015)

Soyons tous des hommes et des femmes de réconciliation et de paix

« Dieu vit que cela était bon » (Gn 1,12.18.21.25). Le récit biblique du début de l'histoire du monde et de l'humanité nous parle de Dieu qui regarde la création, la contemple presque et répète : « Cela est bon ». Quel sens a ce message ? Que me dit ce message à moi, à toi, à nous tous ?

Il nous dit simplement que dans le cœur et dans la pensée de Dieu, notre monde est la « maison de l'harmonie et de la paix », le lieu où chacun peut trouver sa place et se sentir « chez soi », parce que cela est « bon ». Tout le créé forme un ensemble harmonieux, bon, mais surtout les humains, faits à l'image et à la ressemblance de Dieu, sont une unique famille, dans laquelle les relations sont marquées par une fraternité réelle et non seulement proclamée en paroles : l'un et l'autre sont le frère et la sœur à aimer, et la relation avec Dieu qui est amour, fidélité, bonté se reflète sur toutes les relations entre les êtres humains et apporte l'harmonie à la création tout entière. Le monde de Dieu est un monde dans lequel chacun se sent responsable de l'autre, du bien de l'autre. Dans la réflexion, dans le jeûne, dans la prière, nous pensons tous au fond de nous-mêmes : ne serait-ce pas ce monde que nous désirons, que tous portent dans le cœur ? Ne voulons-nous pas un monde d'harmonie et de paix, en nous-mêmes, dans les rapports avec les autres, dans les familles, dans les villes, dans et entre les nations ? Et la vraie liberté dans le choix des chemins à parcourir en ce monde, n'est-elle pas celle qui est orientée vers le bien de tous et guidée par l'amour ?

Mais demandons-nous maintenant : est-il ainsi le monde dans lequel nous vivons ? Le créé conserve sa beauté qui nous remplit d'émerveillement, reste une œuvre bonne. Mais il y a aussi « la violence, la division, le conflit, la guerre », quand l'homme, sommet de la création, ne regarde plus vers l'horizon de la beauté et de la bonté, et se renferme dans son égoïsme. Quand l'homme pense seulement à lui-même, à ses propres intérêts et se place au centre, quand il se laisse séduire par les idoles de la domination et du pouvoir, quand il se met à la place de Dieu, alors il abîme toutes les relations, il ruine tout ; et il ouvre la porte à la violence, à l'indifférence, au conflit. C'est exactement ce que veut nous faire comprendre le passage de la Genèse qui raconte le péché de l'être humain : l'homme entre en conflit avec lui-même, s'aperçoit qu'il est nu et se cache parce qu'il a peur (Gn 3,10), il a peur du regard de Dieu ; il accuse la femme, celle qui est chair de sa chair (v. 12) ; il rompt l'harmonie avec le créé, il arrive à lever la main contre son frère pour le tuer. Pouvons-nous dire que l'harmonie est devenue « dis-harmonie » ? Non, la « dis-harmonie » n'existe pas : ou c'est l'harmonie, ou l'on tombe dans le chaos.

C'est justement dans ce chaos que Dieu demande à la conscience de l'homme : « Où est Abel ton frère ? » Et Caïn répond : « Je ne sais pas. Suis-je le gardien de mon frère ? » (v. 9). Cette question nous est aussi adressée et il serait bien que nous nous demandions : suis-je le gardien de mon frère ? Oui, tu es le gardien de ton frère ! Être humain signifie être gardiens les uns des autres ! Et au contraire, quand se rompt l'harmonie, suit la métamorphose : le frère à garder et à aimer devient l'adversaire à combattre, à supprimer. Que de violence naît à ce moment-là, que de conflits, de guerres ont marqué notre histoire ! Il suffit de voir la souffrance de tant de frères et sœurs. Dans chaque violence et dans chaque guerre, nous faisons renaître

Caïn. Et nous continuons aujourd'hui cette histoire de conflit entre frères. Aujourd'hui aussi nous nous laissons guider par les idoles, par l'égoïsme, pas nos intérêts. Nous avons perfectionné nos armes, notre conscience s'est endormie, nous avons rendu plus subtiles nos justifications. Comme si c'était une chose normale, nous continuons à semer destruction, douleur, mort. La violence et la guerre apportent seulement la mort, elles parlent le langage de la mort. [...]

Et à ce point, je me demande : est-il possible de parcourir la voie de la paix ? Pouvons-nous sortir de cette spirale de douleur et de mort ? En invoquant l'aide de Dieu, je veux répondre : oui, c'est possible à tous ! Je voudrais que de toutes les parties de la terre nous criions : oui, c'est possible à tous ! Mieux, je voudrais que chacun de nous, du plus petit au plus grand, jusqu'à ceux qui sont appelés à gouverner les nations, réponde : oui, nous le voulons ! Ma foi chrétienne me pousse à regarder la Croix. Comme je voudrais que pendant un moment tous les hommes et toutes les femmes de bonne volonté regardent la Croix ! On peut y lire la réponse de Dieu : là, à la violence on ne répond pas par la violence, à la mort, on ne répond pas par le langage de la mort. Dans le silence de la Croix, se tait le bruit des armes et parle le langage de la réconciliation, du pardon, du dialogue, de la paix. Je voudrais demander au Seigneur que nous, chrétiens et frères des autres religions, chaque homme et chaque femme de bonne volonté crie avec force : la violence et la guerre ne sont jamais la voie de la paix ! Que chacun s'applique à regarder au fond de sa conscience et écoute ces mots qu'elle dit : sors de tes intérêts qui atrophient le cœur, dépasse l'indifférence envers l'autre qui rend le cœur insensible, vaincs tes raisons de mort et ouvre-toi au dialogue, à la réconciliation. Regarde la douleur de ton frère et n'ajoute pas une autre douleur, arrête ta main, reconstruis l'harmonie qui s'est brisée ; et cela non par le conflit, mais par la rencontre ! Que se taisent les armes ! La guerre marque toujours l'échec de la paix, elle est toujours une défaite pour l'humanité. [...] Prions et travaillons pour la réconciliation et pour la paix, et devenons tous, dans tous les milieux, des hommes et des femmes de réconciliation et de paix ! Ainsi-soit-il.

(Veillée de prière pour la paix, parvis de la basilique Saint-Pierre, samedi 7 septembre 2013)

Heureux les artisans de paix

[...] La paix est le rêve de Dieu, c'est le projet de Dieu pour l'humanité, pour l'histoire, avec toute la création. Et c'est un projet qui rencontre toujours des oppositions de la part de l'homme et du Malin. En notre temps aussi, l'aspiration à la paix et l'engagement pour la construire sont confrontés au fait qu'il y a dans le monde de nombreux conflits armés. C'est une sorte de troisième guerre mondiale livrée « par morceaux ». Et, dans le contexte de la communication globale, on perçoit un climat de guerre.

Ce climat, certains veulent le créer et l'attiser délibérément, en particulier ceux qui cherchent l'affrontement entre différentes cultures et civilisations, et aussi ceux qui spéculent sur les guerres pour vendre des armes. Mais la guerre signifie des enfants, des femmes et des personnes âgées dans des camps de réfugiés ; elle signifie la dislocation des forces ; elle signifie des maisons, des rues, des usines détruites ; elle signifie surtout beaucoup de vies brisées. [...]

Dans ce climat de guerre, comme un rayon de soleil qui traverse les nuages, résonne aujourd'hui la parole de Jésus dans l'Évangile : « Heureux les artisans de paix » (Mt 5,9). C'est un appel toujours actuel, qui vaut pour chaque génération. Il ne dit pas « heureux les prédicateurs de paix » : tous sont capables de la proclamer, même de manière hypocrite ou tout à fait mensongère. Non, il dit « heureux les artisans de paix », c'est-à-dire ceux qui la font. Faire la paix est un travail artisanal : il demande passion, patience, expérience, ténacité. Heureux sont ceux qui sèment la paix par leurs actions quotidiennes, par des attitudes et des gestes de service, de fraternité, de dialogue, de miséricorde… Ceux-ci, oui, « seront appelés fils de Dieu », parce que Dieu sème la paix, toujours, partout ; pour la plénitude des temps, il a semé son Fils dans le monde pour que nous ayons la paix ! Faire la paix est un travail à mener chaque jour, pas après pas, sans jamais se fatiguer.

Et comment se construit la paix ? Le prophète Isaïe nous l'a rappelé, de façon essentielle : « L'œuvre de la justice sera la paix » (32,17). « *Opus iustitiae pax* », selon la version de la Vulgate devenue un célèbre mot d'ordre, adopté aussi prophétiquement par le pape Pie XII. Ici aussi, non pas une justice déclamée, théorisée, planifiée… mais la justice pratiquée, vécue. Et le Nouveau Testament nous enseigne que la justice s'accomplit pleinement dans le fait d'aimer son prochain comme soi-même (*cf.* Mt 22,39 ; Rm 13,9). Lorsque, avec la grâce de Dieu, nous suivons ce commandement, comme les choses changent ! Parce que nous changeons, nous ! Cette personne, ce peuple, que nous voyons comme ennemi, a en réalité mon visage, il a mon cœur, mon âme. Nous avons le même Père dans les cieux. Alors la véritable justice est de faire à cette personne, à ce peuple, ce que je voudrais qu'il me soit fait à moi, à mon peuple (*cf.* Mt 7,12).

Saint Paul nous indique les attitudes nécessaires pour faire la paix : « Revêtez-vous de tendresse et de compassion, de bonté, d'humilité, de douceur et de patience. Supportez-vous les uns les autres, et pardonnez-vous mutuellement si vous avez des reproches à vous faire. Le Seigneur vous a pardonnés : faites de même » (Col 3,12-13).

Voilà les attitudes pour être « artisans » de paix dans le quotidien, là où nous vivons. Ne nous imaginons pas cependant que cela dépend seulement de nous ! Nous tomberions dans un moralisme illusoire. La paix est don de Dieu, non au sens magique, mais parce que Lui, avec son Esprit, peut imprimer ces attitudes dans nos cœurs et dans notre chair, et faire de nous de véritables instruments de sa paix. Et, en allant plus loin, l'apôtre dit que la paix est don de Dieu parce qu'elle est fruit de sa réconciliation avec nous. L'homme peut devenir artisan de paix seulement s'il se laisse réconcilier avec Dieu. [...]

(Homélie, stade Koševo, Sarajevo, Bosnie-Herzégovine, samedi 6 juin 2015)

IV

Tout en Jésus parle de miséricorde

Il les aima jusqu'à la fin

En ce jeudi, Jésus était à table avec ses disciples et célébrait la fête de la Pâque. L'Évangile de Jean contient une phrase qui correspond précisément à ce qu'a fait Jésus pour nous tous : « Ayant aimé les siens qui étaient dans le monde, il les aima jusqu'à la fin » (Jn 13,1). Jésus nous a aimés. Jésus nous aime. Sans limites, toujours, jusqu'à la fin. Il ne se lasse pas d'aimer. Personne. Il nous aime tous, au point de donner sa vie pour nous. Et chacun de nous peut dire : « Il a donné sa vie pour moi. » Il a donné sa vie pour toi, pour moi, pour lui… pour chacun, en l'appelant par son nom et son prénom. Son amour est ainsi : personnel. L'amour de Jésus ne déçoit jamais, parce qu'il ne se lasse pas d'aimer, comme il ne se lasse pas de pardonner, il ne se lasse pas de nous embrasser. Jésus nous a aimés, chacun de nous, jusqu'à la fin.

Et puis, il a fait ce geste que les disciples n'ont pas compris : laver les pieds. À cette époque, c'était la coutume, car les gens avaient les pieds sales à cause de la poussière de la route. Et en entrant dans une maison, on leur lavait les pieds. Mais ce n'était pas le maître de maison qui le faisait, c'était un travail d'esclave. Et Jésus, comme un esclave, lave nos pieds, les pieds des disciples. Et c'est pour cela qu'il dit : « Ce que je fais, tu ne le sais pas à présent ; par la suite tu comprendras » (Jn 13,7). L'amour de Jésus est si grand qu'il s'est fait esclave pour nous servir, nous guérir, nous laver.

Et aujourd'hui, au cours de cette messe, l'Église veut que le prêtre lave les pieds de douze personnes, en mémoire des douze apôtres. Mais dans notre cœur, nous devons avoir la certitude que, quand il nous lave les pieds, le Seigneur nous lave entièrement, nous purifie, nous fait sentir encore une fois son amour. [...] Je laverai les pieds de douze d'entre vous, mais à travers ces frères et sœurs, c'est vous tous, tous ceux qui habitent ici. Et moi aussi, j'ai besoin d'être lavé par le Seigneur. Priez pour cela, afin que je devienne plus esclave que vous, plus esclave au service des personnes, comme l'a été Jésus.

(Homélie, église Padre Nostro, prison de Rebibbia, Rome, jeudi saint, 2 avril 2015)

L'Esprit saint déverse dans nos cœurs l'amour du Christ

[...] « Nul n'a plus grand amour que celui-ci : donner sa vie pour ses amis. Vous êtes mes amis, si vous faites ce que je vous commande » (Jn 15,13). Ces paroles, prononcées durant la Dernière Cène, résument tout le message de Jésus ; elles résument même tout ce qu'il a fait : Jésus a donné sa vie pour ses amis. Des amis qui ne l'avaient pas compris, qui au moment crucial l'ont abandonné, trahi, renié. Il nous aime, bien que nous ne méritions pas son amour.

De cette façon, Jésus nous montre le chemin pour le suivre, la route de l'amour. Son commandement n'est pas un simple précepte, qui demeure toujours quelque chose d'abstrait ou d'extérieur à la vie. Le commandement du Christ est nouveau car il l'a réalisé en premier, il lui a donné chair, et ainsi la loi de l'amour est inscrite une fois pour toutes dans le cœur de l'homme (*cf.* Jr 31,33). Et comment est-elle écrite ? Avec le feu de l'Esprit saint. Et avec cet Esprit que nous donne Jésus, nous pouvons marcher nous aussi sur ce chemin ! Il s'agit d'un chemin concret, qui nous conduit à sortir de nous-mêmes pour aller vers les autres. Jésus nous a montré que l'amour de Dieu se réalise dans le cœur du prochain. Les deux vont ensemble. Les pages de l'Évangile sont pleines de cet amour : adultes et enfants, cultivés et ignorants, riches et pauvres, justes et pécheurs ont été accueillis dans le cœur du Christ.

Par conséquent, cette Parole du Seigneur nous appelle à nous aimer les uns les autres, même si nous ne nous comprenons et ne nous entendons pas toujours. C'est précisément là que se voit l'amour chrétien. Un amour qui se manifeste même s'il y a des différences d'opinion ou de caractère. Un amour nouveau car il est renouvelé par Jésus et par son Esprit. Un amour racheté, libéré de l'égoïsme. Un amour qui donne à notre cœur la joie, comme le dit Jésus lui-même : « Je vous dis cela pour que ma joie soit en vous et que votre joie soit complète » (Jn 15,11).

C'est précisément l'amour du Christ que l'Esprit saint déverse dans nos cœurs, qui accomplit chaque jour des prodiges dans l'Église et dans le monde. Ce sont beaucoup de petits et grands gestes qui obéissent au commandement du Seigneur : « Aimez-vous les uns les autres comme je vous ai aimés » (*cf.* Jn 15,12). Ces petits gestes de tous les jours, des gestes de proximité envers une personne âgée, un enfant, un malade, une personne seule et en difficulté, sans maison, sans travail, immigrée, réfugiée… Grâce à la force de cette Parole du Christ, chacun de nous peut se faire prochain du frère et de la sœur qu'il rencontre. Dans ces gestes se manifeste l'amour que le Christ nous a enseigné.

(Regina Cœli, place Saint-Pierre, dimanche 10 mai 2015)

Veux-tu m'aider à porter la Croix ?

[...] Une tradition ancienne de l'Église de Rome raconte que l'apôtre Pierre, sortant de la ville pour fuir la persécution de Néron, vit Jésus qui marchait dans la direction opposée et lui demanda, étonné : « Seigneur, où vas-tu ? » Jésus lui répondit : « Je vais à Rome pour être de nouveau crucifié. » À ce moment-là, Pierre comprit qu'il devait suivre le Seigneur avec courage, à fond, mais il comprit surtout qu'il n'était jamais seul dans sa marche. Avec lui il y avait toujours ce Jésus qui l'avait aimé jusqu'à mourir. Chargé de sa croix, Jésus parcourt nos routes et prend sur lui nos peurs, nos problèmes, nos souffrances, même les plus profondes. Avec sa croix, Jésus s'unit au silence des victimes de la violence qui ne peuvent plus crier, surtout les innocents et ceux qui sont sans défense. Avec la Croix, Jésus s'unit aux familles qui sont en difficulté, et qui pleurent la mort tragique de leurs enfants. Avec la Croix, Jésus s'unit à toutes les personnes qui souffrent de la faim dans un monde qui, d'autre part, se permet le luxe de jeter, chaque jour, des tonnes de nourriture. Avec la Croix, Jésus est uni aux nombreuses mères et aux nombreux pères qui souffrent en voyant leurs enfants victimes de paradis artificiels comme la drogue. Avec la Croix, Jésus s'unit à celui qui est persécuté à cause de sa religion, de ses idées, ou simplement sa couleur de peau. Dans la Croix, Jésus est uni aux nombreux jeunes qui ne mettent plus leur confiance dans les institutions politiques, car ils y voient l'égoïsme et la corruption, ou qui ont perdu la foi en l'Église, et même en Dieu, à cause de l'incohérence des chrétiens et des ministres de l'Évangile. Combien nos incohérences font souffrir Jésus ! Dans la croix du Christ, il y a la souffrance, le péché de l'homme, le nôtre aussi. Et lui accueille tout avec les bras ouverts, prend sur ses épaules nos croix et nous dit : « Courage ! Tu n'es pas seul à les porter ! Je les porte avec toi, j'ai vaincu la mort et je suis venu te donner l'espérance, la vie » (*cf.* Jn 3,16).

Qu'est-ce que la Croix a laissé en ceux qui l'ont vue et en ceux qui l'ont touchée ? Que laisse-t-elle en chacun de nous ? Elle laisse le bien que personne ne peut nous donner : la certitude de l'amour fidèle de Dieu pour nous. Un amour tellement grand qu'il entre dans notre péché et le pardonne, qu'il entre dans notre souffrance et nous donne la force de la porter ; qu'il entre même dans la mort pour la vaincre et nous sauver. Dans la croix du Christ, il y a tout l'amour de Dieu, il y a son immense miséricorde. Et c'est un amour auquel nous pouvons nous fier, auquel nous pouvons croire. Chers jeunes, ayons confiance en Jésus, remettons-nous en à lui (*cf.* Lettre encyclique *Lumen fidei*, n° 16), car lui ne déçoit jamais personne ! C'est seulement dans le Christ mort et ressuscité que nous trouvons le salut et la rédemption. Avec lui, le mal, la souffrance et la mort n'ont pas le dernier mot, parce qu'il nous donne espérance et vie : il a transformé la croix, instrument de haine, de défaite et de mort, en un signe d'amour, de victoire, de triomphe et de vie. [...]

Mais la croix du Christ nous invite aussi à nous laisser contaminer par cet amour. Elle nous enseigne alors à toujours regarder les autres avec miséricorde et amour, surtout les personnes qui souffrent, qui ont besoin d'aide, qui attendent une parole, un geste. La Croix nous invite à sortir de nous-même pour aller à leur rencontre et leur tendre la main. De nombreux visages ont accompagné Jésus dans sa marche vers le Calvaire : Pilate, le Cyrénéen, Marie, les femmes... Je te demande aujourd'hui : à qui veux-tu ressembler ? Veux-tu être

Pilate qui n'a pas le courage d'aller à contre-courant pour sauver la vie de Jésus ? Il s'en lave les mains. Dis-moi : es-tu un de ceux qui se lavent les mains, es-tu celui qui joue l'innocent et regarde de l'autre côté ? Ou es-tu comme le Cyrénéen, qui aide Jésus à porter ce bois pesant, comme Marie et les femmes, qui n'ont pas peur d'accompagner Jésus jusqu'au bout, avec amour, tendresse ? Jésus te regarde en ce moment et te dit : veux-tu m'aider à porter la Croix ? Et toi, qu'est-ce que tu lui réponds ?

Sur la croix du Christ déposons nos joies, nos souffrances, nos succès. Nous y trouverons un cœur ouvert qui nous comprend, nous pardonne, nous aime et nous demande de porter ce même amour dans notre vie, d'aimer chacun de nos frères et de nos sœurs avec le même amour.

(Discours à l'occasion de la XXVIIIe Journée mondiale de la jeunesse, Rio de Janeiro, Copacabana, vendredi 26 juillet 2013)

Du cœur de Jésus jaillissent le pardon et la vie

[...] Le cœur de Jésus est le symbole par excellence de la miséricorde de Dieu. Mais ce n'est pas un symbole imaginaire, c'est un symbole réel, qui représente le centre, la source d'où a jailli le salut de l'humanité tout entière.

Dans les Évangiles, nous trouvons différentes références au cœur de Jésus. Par exemple, dans le passage où le Christ lui-même dit : « Venez à moi, vous tous qui peinez sous le poids du fardeau, et moi, je vous procurerai le repos. Prenez sur vous mon joug, devenez mes disciples, car je suis doux et humble de cœur » (Mt 11,28-29). Le récit de la mort du Christ selon Jean est fondamental. En effet, l'évangéliste témoigne de ce qu'il a vu sur le Calvaire : alors que Jésus était déjà mort, un soldat lui frappa le côté de sa lance et de cette blessure jaillirent du sang et de l'eau (*cf.* Jn 19,33-34). Jean a reconnu dans ce signe, apparemment fortuit, l'accomplissement des prophéties : du cœur de Jésus, agneau immolé sur la Croix, jaillissent pour tous les hommes le pardon et la vie.

Mais la miséricorde de Jésus n'est pas seulement un sentiment, c'est une force qui donne la vie, qui ressuscite l'homme ! C'est ce que nous dit également l'Évangile dans l'épisode de la veuve de Naïm (Lc 7,11-17). Avec ses disciples, Jésus arrive précisément à Naïm, un village de Galilée, juste au moment où a lieu un enterrement : on conduit à sa sépulture un jeune homme, fils unique d'une veuve. Le regard de Jésus se pose immédiatement sur la mère en larmes. L'évangéliste Luc dit : « En la voyant, le Seigneur eut pitié d'elle » (v. 13). Cette « pitié », c'est l'amour de Dieu pour l'homme, c'est la miséricorde, c'est-à-dire l'attitude de Dieu au contact de la misère humaine, de notre indigence, de notre souffrance, de notre angoisse. Le terme biblique « pitié » rappelle le sein maternel : la mère, en effet, ressent une réaction toute particulière face à la douleur de ses enfants. C'est ainsi que Dieu nous aime, dit l'Écriture.

Et quel est le fruit de cet amour, de cette miséricorde ? C'est la vie ! Jésus dit à la veuve de Naïm : « Ne pleure pas ! » Puis il appelle le jeune homme mort et le réveille comme d'un sommeil (*cf.* v. 13-15). C'est beau : la miséricorde de Dieu donne la vie à l'homme, le ressuscite de la mort. Ne l'oublions pas, le Seigneur nous regarde toujours avec miséricorde, il nous attend avec miséricorde. N'ayons pas peur de nous approcher de lui ! Il a un cœur miséricordieux ! Si nous lui montrons nos blessures intérieures, nos péchés, Il nous pardonne toujours. Il est pure miséricorde ! Allons vers Jésus !

(Angélus, place Saint-Pierre, dimanche 9 juin 2013)

Le Mystère pascal manifeste pleinement l'amour salvifique de Dieu

[…] L'Évangile de Jean nous rapporte les deux apparitions de Jésus ressuscité aux apôtres réunis au Cénacle : celle du soir de Pâques et celle huit jours après. La première fois, le Seigneur montre les blessures de son corps aux disciples, il fait le geste de souffler sur eux et il dit : « De même que le Père m'a envoyé, moi aussi, je vous envoie » (Jn 20,21). Il leur transmet sa propre mission, avec la force de l'Esprit saint. Mais ce soir-là Thomas était absent et il ne voulut pas croire au témoignage des autres. « Si je ne vois pas et que je ne touche pas ses plaies, je ne croirai pas » (*cf.* Jn 20,25). Huit jours plus tard, Jésus se présente à nouveau parmi les siens et s'adresse immédiatement à Thomas, l'invitant à toucher les blessures de ses mains et de son côté. Il va à la rencontre de son incrédulité pour que, à travers les signes de la Passion, il puisse atteindre la plénitude de la foi pascale, c'est-à-dire la foi dans la résurrection de Jésus.

Thomas est quelqu'un qui ne se contente pas et qui cherche, il entend vérifier en personne, accomplir sa propre expérience personnelle. Après les résistances et les inquiétudes du début, il arrive à la fin à croire lui aussi. Bien qu'il avance avec difficulté, il parvient à la foi. Jésus l'attend patiemment et s'offre aux difficultés et aux incertitudes du dernier arrivé. Le Seigneur proclame « bienheureux » ceux qui croient sans voir (*cf.* v. 29) — et la première d'entre eux est Marie sa mère —, mais il vient également à la rencontre des exigences du disciple incrédule : « Avance ton doigt ici, et vois mes mains » (v. 27). Au contact salvifique des plaies du Ressuscité, Thomas manifeste ses propres blessures, ses propres plaies, ses propres déchirures, sa propre humiliation ; dans le signe des clous, il trouve la preuve décisive qu'il était aimé, qu'il était attendu, qu'il était compris. Il se trouve face à un Messie plein de douceur, de miséricorde, de tendresse. C'était lui le Seigneur qu'il cherchait, dans les profondeurs secrètes de son être, car il avait toujours su qu'il en était ainsi. Et combien d'entre nous cherchent au plus profond de leur cœur à rencontrer Jésus, tel qu'il est : doux, miséricordieux, tendre ! Car nous savons, au plus profond de nous, qu'Il est ainsi. Ayant retrouvé le contact personnel avec l'amabilité et la patience miséricordieuse du Christ, Thomas comprend la signification profonde de sa Résurrection et, intimement transformé, il déclare sa foi pleine et totale en Lui, en s'exclamant : « Mon Seigneur et mon Dieu ! » (v. 28). C'est une belle expression, très belle, que celle de Thomas !

Il a pu « toucher » le Mystère pascal qui manifeste pleinement l'amour salvifique de Dieu, riche de miséricorde (*cf.* Ep 2,4). Et comme Thomas, nous tous sommes invités à contempler dans les plaies du Ressuscité la miséricorde divine, qui dépasse toute limite humaine et resplendit dans l'obscurité du mal et du péché. [...] Le visage de la miséricorde est Jésus Christ. Gardons le regard tourné vers Lui, qui nous cherche toujours, nous attend, nous pardonne ; il est tellement miséricordieux qu'il ne craint pas nos misères. Dans ses plaies il nous guérit et pardonne tous nos péchés. Et que la Vierge Mère nous aide à être miséricordieux avec les autres comme Jésus l'est avec nous.

(Regina Cœli, place Saint-Pierre, dimanche de la Divine Miséricorde, 12 avril 2015)

Son amour soigne nos myopies

Saint Matthieu nous raconte lui-même, dans son Évangile, comment s'est passée la rencontre qui a marqué sa vie. Un jour, pareil à n'importe quel autre, alors qu'il était assis à la table de perception des impôts, Jésus passait, le vit, s'approcha et lui dit : « Suis-moi. » Et lui se leva et le suivit.

Jésus le regarda. Quelle force d'amour a eu le regard de Jésus pour faire bouger Matthieu comme il l'a fait. Quelle force ont dû avoir ces yeux pour le faire lever. Nous savons que Matthieu était un publicain, c'est-à-dire qu'il percevait les impôts des Juifs pour les donner aux Romains. Les publicains étaient mal vus, voire considérés comme des pécheurs, et pour cette raison, ils étaient marginalisés, méprisés. On ne pouvait pas manger avec eux, ni parler, ni prier. Pour le peuple ils étaient des traîtres, ils tiraient profit des gens pour donner à d'autres.

Et Jésus s'est arrêté, il n'est pas passé au loin en vitesse, il l'a regardé sans hâte, tranquillement. Il l'a regardé avec des yeux de miséricorde, comme personne ne l'avait fait auparavant. Et ce regard a ouvert son cœur, l'a rendu libre, l'a guéri, lui a donné l'espérance, une vie nouvelle comme à Zachée, Bartimée, Marie Madeleine, Pierre, ainsi qu'à chacun d'entre nous. Bien que nous n'osions pas lever les yeux vers le Seigneur, lui nous regarde toujours en premier. C'est notre histoire personnelle. Comme beaucoup d'autres, chacun de nous peut dire : moi aussi je suis un pécheur sur qui Jésus a posé son regard. [...]

Son amour nous précède, son regard devance nos besoins. Il sait voir au-delà des apparences, au-delà du péché, au-delà de l'échec ou de l'indignité. Il sait voir au-delà de la catégorie sociale à laquelle nous appartenons. Il voit au-delà de tout cela. Il voit cette dignité de fils, que nous avons tous, parfois salie par le péché, mais toujours présente au fond de notre âme. Il est venu précisément chercher tous ceux qui se sentent indignes de Dieu, indignes des autres. Laissons-nous regarder par Jésus, laissons son regard parcourir nos rues, nous rendre la joie, l'espérance, la gaîté de vie.

Après l'avoir regardé avec miséricorde, le Seigneur dit à Matthieu : « Suis-moi. » Et il se leva et le suivit. Après le regard, la parole. Après l'amour, la mission. Matthieu n'est plus le même ; il a changé intérieurement. La rencontre avec Jésus, avec son amour miséricordieux l'a transformé. Et il a laissé derrière lui le comptoir des impôts, l'argent et son exclusion. Avant, il attendait assis pour percevoir les impôts des autres. Maintenant, avec Jésus, il doit se lever pour donner, offrir, pour s'offrir aux autres. Jésus l'a regardé et Matthieu a trouvé la joie dans le service. Pour Matthieu et pour tous ceux qui ont senti le regard de Jésus, les concitoyens ne sont pas ceux aux dépens desquels on « vit », dont on use, dont on abuse. Le regard de Jésus génère une activité missionnaire, de service, de don. Ses concitoyens sont ceux qu'il sert. Son amour soigne nos myopies et nous pousse à regarder au-delà, à ne pas nous arrêter aux apparences ou au politiquement correct.

Jésus va de l'avant, il nous précède, il ouvre le chemin et nous invite à le suivre. Il nous invite à surmonter progressivement nos préjugés, nos résistances au changement des autres, voire de nous-mêmes. Il nous défie jour après jour avec une question : crois-tu ? Crois-tu qu'il est possible qu'un percepteur d'impôts devienne un serviteur ? Qu'un traître devienne un ami ? Que le fils d'un charpentier soit le Fils de Dieu ? Son regard transforme notre regard, son cœur transforme notre cœur. Dieu est le Père qui cherche le salut de tous ses enfants.

Laissons-nous regarder par le Seigneur dans la prière, dans l'Eucharistie, dans la confession, dans nos frères, surtout ceux qui se sentent abandonnés, esseulés. Et apprenons à regarder comme lui nous regarde. Partageons sa tendresse et sa miséricorde avec les malades, les prisonniers, les personnes âgées ou les familles en difficulté. Sans cesse nous sommes appelés à apprendre de Jésus ; il regarde toujours ce qu'il y a de plus authentique en chaque personne, c'est-à-dire l'image de son Père. [...]

(Homélie, place de la Révolution, Holguín, Cuba, lundi 21 septembre 2015)

La miséricorde est plus grande que le préjugé

L'Évangile nous raconte la rencontre de Jésus avec la femme samaritaine, qui a lieu à Sichar, près d'un puits ancien où la femme se rend tous les jours pour chercher de l'eau. Ce jour-là, elle y trouve Jésus, assis, « fatigué par la marche » (Jn 4,6). Il lui dit immédiatement : « Donne-moi à boire » (v. 7). De cette manière, il surmonte l'hostilité qui existe entre Juifs et Samaritains et il dépasse les préjugés à l'égard des femmes. La simple demande de Jésus est le début d'un dialogue franc, grâce auquel, avec une grande délicatesse, il entre dans le monde intérieur d'une personne à laquelle, selon les conventions sociales, il n'aurait pas même dû adresser la parole. Mais Jésus le fait ! Il n'a pas peur. Lorsqu'il voit une personne, Jésus s'approche parce qu'il aime. Il nous aime tous. Face à une personne, il ne s'arrête jamais à cause des préjugés. Jésus la met face à sa situation, sans la juger, mais en lui faisant sentir qu'elle est considérée, reconnue, et il suscite ainsi en elle le désir d'aller au-delà de la routine quotidienne.

La soif de Jésus n'est pas tant une soif d'eau qu'une soif de rencontrer une âme devenue aride. Jésus a besoin de rencontrer la Samaritaine pour ouvrir son cœur : il lui demande à boire pour mettre en évidence la soif qu'il y a en elle. La femme est touchée par cette rencontre : elle pose ces questions profondes que nous avons tous en nous, mais que nous ignorons souvent, que nous n'avons pas le courage de poser à

Jésus. [...] L'exemple de la Samaritaine nous invite à dire : « Jésus, donne-moi cette eau qui étanchera ma soif pour l'éternité. »

L'Évangile dit que les disciples furent stupéfaits de voir leur maître parler à cette femme. Mais le Seigneur est plus grand que les préjugés, c'est pourquoi il n'a pas eu peur de s'arrêter avec la Samaritaine : la miséricorde est plus grande que le préjugé. Nous devons bien le comprendre. La miséricorde est plus grande que le préjugé, et Jésus est tellement miséricordieux ! Le résultat de cette rencontre près du puits fut que la femme a été transformée : « elle laissa là sa cruche » (v. 28) avec laquelle elle venait prendre l'eau, et elle courut vers la ville pour raconter son expérience extraordinaire. « Venez voir un homme qui m'a dit tout ce que j'ai fait. Ne serait-il pas le Christ ? » Elle était enthousiaste. Elle était allée prendre l'eau du puits, et elle a trouvé l'autre eau, l'eau vive de la miséricorde qui jaillit pour la vie éternelle. Elle a trouvé l'eau qu'elle cherchait depuis toujours ! Elle a couru au village, ce village qui la jugeait, la condamnait et la refusait, et elle a annoncé qu'elle avait rencontré le Messie, celui qui a changé sa vie. Car chaque rencontre avec Jésus change notre vie, toujours. C'est un pas en avant, un pas qui rapproche de Dieu.

Dans cet Évangile, nous trouvons nous aussi un encouragement à « laisser notre cruche », symbole de tout ce qui est apparemment important, mais qui perd sa valeur face à « l'amour de Dieu ». Nous en avons tous une, ou plus d'une ! Demandons-nous : « Quelle est ma cruche intérieure, celle qui me pèse, qui m'éloigne de Dieu ? » Mettons-la un peu de côté, et avec notre cœur, entendons la voix de Jésus qui nous offre une eau différente, une autre eau qui nous rapproche du Seigneur. Nous sommes appelés à redécouvrir l'importance et le sens de notre vie chrétienne, qui a commencé par le baptême et, comme la Samaritaine, à témoigner devant nos frères. De quoi ? De la joie ! Témoigner de la joie de la rencontre avec Jésus, parce que toute rencontre avec Lui nous change la vie et nous remplit de cette joie qui vient de l'intérieur. Et raconter combien de choses mystérieuses le Seigneur sait faire dans notre cœur, quand nous avons le courage de laisser notre cruche de côté.

(Angélus, troisième dimanche de Carême, place Saint-Pierre, 23 mars 2014)

Jésus révolutionne les consciences

« Seigneur, si tu le veux, tu peux me purifier. » Jésus, saisi de compassion, étendit la main, le toucha et lui dit : « Je le veux, sois purifié ! » (*cf.* Mc 1,40-41). La compassion de Jésus ! Ce « pâtir avec » qui le rapprochait de toute personne souffrante. Jésus ne se ménage pas, au contraire, il se laisse impliquer dans la douleur et dans le besoin des gens. Simplement parce qu'il sait et veut « pâtir avec », parce qu'il a un cœur qui n'a pas honte d'avoir de la « compassion ».

« Il ne pouvait plus entrer ouvertement dans une ville, mais restait à l'écart, dans des endroits déserts » (Mc 1,45). Cela signifie que, en plus de guérir le lépreux, Jésus a subi la marginalisation que la loi de Moïse imposait (*cf.* Lv 13,1-2.45-46). Jésus n'a pas peur d'assumer la souffrance de l'autre, mais il en paie le prix jusqu'au bout (*cf.* Is 53,4). [...]

Moïse, traitant juridiquement la question des lépreux, demande qu'ils soient éloignés et exclus de la communauté, tant que dure leur mal, et les déclare « impurs » (*cf.* Lv 13,1-2.45-46). Imaginez combien de souffrance et de honte devait éprouver un lépreux : physiquement, socialement, psychologiquement et spirituellement ! Il n'est pas seulement victime de la maladie, mais il s'en sent coupable, il est puni pour ses péchés. C'est un mort-vivant, « comme quelqu'un à qui son père a craché au visage » (*cf.* Nb 12,14). En outre, le lépreux inspire la peur, le dédain, le dégoût, et pour cela il est abandonné par sa propre famille, évité par les autres personnes, exclu de la société. Ou plutôt la société elle-même l'expulse et le contraint à vivre dans des lieux éloignés des gens bien-portants. Et cela au point que si un individu bien-portant s'était approché d'un lépreux, il aurait été sévèrement puni et souvent traité, à son tour, de lépreux. C'est vrai, le but de cette règlementation était de « sauver les bien-portants », « protéger les justes », et pour les défendre de tout risque, exclure « le danger », traitant sans pitié celui qui est contaminé. Ainsi, en effet, s'exclama le grand-prêtre Caïphe : « Il vaut mieux qu'un seul homme meure pour le peuple, et que l'ensemble de la nation ne périsse pas » (Jn 11,50).

Jésus révolutionne et secoue avec force cette mentalité enfermée dans la peur et limitée par les préjugés. Toutefois, il n'abolit pas la loi de Moïse mais il la porte à son accomplissement (*cf.* Mt 5,17), quand il déclare, par exemple, l'inefficacité de la loi du talion, ou que Dieu n'apprécie pas l'observance du sabbat qui méprise l'homme et le condamne. Ou quand il ne condamne pas la pécheresse mais la sauve au contraire du zèle aveugle de ceux qui étaient déjà prêts à la lapider sans pitié, pensant appliquer la loi de Moïse. Jésus révolutionne aussi les consciences dans le Discours sur la montagne (*cf.* Mt 5), ouvrant de nouveaux horizons à l'humanité et révélant pleinement la logique de Dieu. La logique de l'amour qui ne se fonde pas sur la peur mais sur la liberté, sur la charité, sur le zèle sain et sur le désir salvifique de Dieu : « Dieu notre Sauveur veut que tous les hommes soient sauvés et parviennent à la pleine connaissance de la vérité » (1 Tm 2,3-4). « Je veux la miséricorde, non le sacrifice » (Mt 12,7 ; Os 6,6).

Jésus, nouveau Moïse, a voulu guérir le lépreux, il a voulu le toucher, il a voulu le réintégrer dans la communauté, sans « s'autolimiter » dans les préjugés, sans s'adapter à la mentalité dominante des gens, sans se préoccuper du tout de la contagion. Jésus répond à la supplication du lépreux sans hésitation et sans les délais habituels pour étudier la situation et toutes les éventuelles conséquences. Pour Jésus, ce qui compte avant tout, c'est de rejoindre et de sauver ceux qui sont loin, soigner les blessures des malades, réintégrer tous les hommes dans la famille de Dieu. Et cela en scandalise certains !

Jésus n'a pas peur de ce type de scandale. Il ne pense pas aux personnes fermées qui se scandalisent même pour une guérison, face à n'importe quelle ouverture, n'importe quel pas qui n'entre pas dans leurs schémas mentaux et spirituels, n'importe quelle caresse ou tendresse qui ne corresponde pas à leurs habitudes de pensée et à leur pureté rituelle. Il a voulu intégrer les exclus, sauver ceux qui sont en dehors du campement (*cf.* Jn 10). [...]

En guérissant le lépreux, Jésus ne porte aucun dommage à qui est bien-portant, au contraire, il le libère de la peur ; il ne lui apporte pas un danger, mais il lui donne un frère ; il ne méprise pas la Loi, mais il apprécie l'homme, pour qui Dieu a inspiré la Loi. En effet, Jésus libère les bien-portants de la tentation du « frère aîné » (*cf.* Lc 15,11-32) et de l'envie et des murmures des ouvriers qui ont « enduré le poids du jour et la chaleur » (Mt 20,1-16).

Par conséquent, la charité ne peut être neutre, aseptisée, indifférente, tiède ou impartiale ! La charité contamine, passionne, risque et implique ! Parce que la charité véritable est toujours imméritée, inconditionnelle et gratuite (*cf.* 1 Co 13). La charité crée le langage juste permettant de communiquer avec tous ceux qui sont considérés comme inguérissables et donc intouchables. Le contact est le vrai langage de communication, le langage affectif qui a transmis la guérison au lépreux. Que de guérisons nous pouvons accomplir et transmettre en apprenant ce langage du contact ! C'était un lépreux et il est devenu annonciateur de l'amour de Dieu. L'Évangile dit : « Une fois parti, cet homme se mit à proclamer et à répandre la nouvelle » (Mc 1,45). [...]

(Homélie, messe avec les nouveaux cardinaux, basilique Saint-Pierre, dimanche 15 février 2015)

V

La douceur du regard de Marie

Marie reste à côté de nos croix

[…] Pour grandir dans la tendresse, dans la charité respectueuse et délicate, nous avons un modèle chrétien vers lequel tourner notre regard en toute sécurité. C'est la Mère de Jésus et notre Mère, attentive à la voix de Dieu et aux besoins et difficultés de ses enfants. Marie, poussée par la divine miséricorde qui en elle se fait chair, s'oublie elle-même et se met en route en toute hâte de la Galilée vers la Judée, afin de rencontrer et d'aider sa cousine Élisabeth ; elle intercède auprès de son Fils aux noces de Cana, quand elle constate que le vin de la fête vient à manquer ; elle porte en son cœur, tout au long du pèlerinage de la vie, les paroles du vieux Siméon lui annonçant qu'un glaive lui transpercera l'âme et, avec force, elle reste au pied de la croix de Jésus. Elle sait comment parcourir ce chemin, c'est pourquoi elle est la Mère de tous les malades et de toutes les personnes souffrantes. Nous pouvons avoir recours à elle en toute confiance, avec une dévotion filiale, certains qu'elle nous assistera, nous soutiendra et ne nous abandonnera pas. Elle est la Mère du Crucifié Ressuscité : elle reste à côté de nos croix et nous accompagne sur le chemin de la résurrection et la vie en plénitude. […]

(Message pour la XXIIe Journée mondiale du malade 2014, 6 décembre 2013)

Regarde mon Fils Jésus

[...] Le regard, comme c'est important ! Tant de choses peuvent se dire avec un regard ! Affection, encouragement, compassion, amour, mais aussi réprobation, envie, orgueil et même haine. Souvent le regard dit plus que les paroles, ou dit ce que les paroles ne réussissent pas ou n'osent pas dire.

Qui la Vierge Marie regarde-t-elle ? Elle nous regarde tous, chacun de nous. Et comment nous regarde-t-elle ? Elle nous regarde comme une Mère, avec tendresse, avec miséricorde, avec amour. C'est ainsi qu'elle a regardé son Fils Jésus, à tous les moments de sa vie, joyeux, lumineux, douloureux, glorieux, comme nous le contemplons dans les mystères du Saint Rosaire, simplement avec amour.

Quand nous sommes fatigués, découragés, écrasés par les problèmes, regardons Marie, sentons son regard qui dit à notre cœur : « Courage, mon enfant, c'est moi qui te soutiens ! » La Vierge nous connaît bien, elle est une maman, elle sait bien quelles sont nos joies et nos difficultés, nos espérances et nos déceptions. Quand nous sentons le poids de nos faiblesses, de nos péchés, regardons Marie, qui dit à notre cœur : « Relève-toi, va chez mon Fils Jésus, en lui tu trouveras accueil, miséricorde, et une force nouvelle pour continuer le chemin. »

Le regard de Marie ne s'adresse pas seulement à nous. Au pied de la Croix, quand Jésus lui confie l'apôtre Jean, et avec lui nous tous, en disant : « Femme, voici ton fils » (Jn 19,26), le regard de Marie est fixé sur Jésus. Et Marie nous dit, comme aux noces de Cana : « Faites tout ce qu'il vous dira » (Jn 2,5). Marie nous invite à témoigner de Jésus, elle nous conduit toujours à lui, parce qu'en lui seul se trouve le salut, lui seul peut transformer l'eau de la solitude, de la difficulté, du péché, en vin de la rencontre, de la joie, du pardon.

« Bienheureuse parce que tu as cru ! » Marie est bienheureuse par sa foi en Dieu, parce que le regard de son cœur a toujours été fixé sur Dieu, sur le Fils de Dieu qu'elle a porté dans son sein et qu'elle a contemplé sur la Croix. Dans l'adoration du saint sacrement, Marie nous dit : « Regarde mon Fils Jésus, tiens le regard fixé sur lui, écoute-le, parle avec lui. Il te regarde avec amour. N'aie pas peur ! Il t'enseignera à le suivre pour témoigner de lui, dans les grandes et les petites actions de ta vie, dans les relations de famille, dans ton travail, dans les moments de fête ; il t'enseignera à sortir de toi-même, pour regarder les autres avec amour, de même que lui t'a aimé et t'aime, non en paroles mais par les faits. »

Ô Marie, fais-nous sentir ton regard de Mère, conduis-nous à ton Fils, fais que nous ne soyons pas des chrétiens de « vitrine », mais des chrétiens qui sachent « se salir les mains » pour construire, avec ton Fils Jésus, son royaume d'amour, de joie et de paix.

(Message vidéo, veillée de prière au sanctuaire romain du Divino Amore pour la journée mariale, samedi 12 octobre 2013)

La Mère qui console ses enfants

[…] Dans le récit évangélique des noces de Cana (Jn 2,1-11), Jésus accomplit son premier miracle grâce à l'intervention de sa Mère. Marie est la femme attentive qui s'aperçoit d'un problème très important pour les mariés : le vin, symbole de la joie, de la fête, est fini. Marie découvre la difficulté, la fait sienne dans un certain sens et, avec discrétion, agit immédiatement. Elle ne reste pas là à regarder, elle ne s'attarde pas à exprimer des jugements mais elle s'adresse à Jésus et lui présente le problème tel qu'il est : « Ils n'ont pas de vin » (Jn 2,3). Et quand Jésus lui répond que son heure n'est pas encore arrivée (*cf.* v. 4), elle dit aux serviteurs : « Tout ce qu'il vous dira, faites-le » (v. 5). Alors Jésus accomplit le miracle, transformant une grande quantité d'eau en vin, un vin qui apparaît tout de suite comme le meilleur de toute la fête.

Le banquet des noces de Cana est une image de l'Église : au centre il y a Jésus miséricordieux qui accomplit le signe ; autour de lui les disciples, les tout premiers de la nouvelle communauté ; et près de Jésus et de ses disciples, il y a Marie, Mère prévoyante et priante. Marie participe à la joie des gens ordinaires et contribue à l'accroître ; elle intercède auprès de son Fils pour le bien des époux et de tous les invités. Et Jésus n'a pas refusé la demande de sa Mère. Que d'espérance pour nous tous dans cet événement ! Nous avons une Mère qui a les yeux vigilants et pleins de bonté, comme son Fils ; le cœur maternel et débordant de miséricorde, comme lui ; les mains qui veulent aider, comme les mains de Jésus qui rompaient le pain pour celui qui avait faim, qui touchaient les malades et les guérissaient. Cela nous remplit de confiance et fait que nous nous ouvrons à la grâce et à la miséricorde du Christ. L'intercession de Marie nous permet d'expérimenter la consolation pour laquelle l'apôtre Paul bénit Dieu : « Béni soit le Dieu et Père de notre Seigneur Jésus Christ, le Père des miséricordes et le Dieu de toute consolation, qui nous console dans toute notre tribulation, afin que, par la consolation que nous-mêmes recevons de Dieu, nous puissions consoler les autres en quelque tribulation que ce soit » (2 Co 1,3-5). Marie est la Mère « consolée » qui console ses enfants.

À Cana se profilent les traits distinctifs de Jésus et de sa mission : il est Celui qui vient en aide à quiconque se trouve en difficulté et dans le besoin. Dans son ministère messianique, en effet, il guérira toutes sortes de maladies, d'infirmités et d'esprits mauvais, il rendra la vue aux aveugles, fera marcher les boiteux, rendra la santé et la dignité aux lépreux, ressuscitera les morts et annoncera la Bonne Nouvelle aux pauvres (*cf.* Lc 7,21-22). Ainsi, la requête de Marie pendant le banquet, suggérée par l'Esprit saint à son cœur maternel, a fait apparaître non seulement le pouvoir messianique de Jésus mais aussi sa miséricorde. [...]

Confions à l'intercession de la Vierge les angoisses et les tribulations, ainsi que les joies et les consolations, et adressons-lui notre prière afin qu'elle tourne vers nous ses yeux miséricordieux, surtout dans les moments de douleur, et qu'elle nous rende dignes de contempler aujourd'hui et à jamais le visage de la miséricorde, son Fils Jésus.

(Message pour la XXIVe Journée mondiale du malade 2016, 15 septembre 2015)

VI

L'Église, servante et médiatrice de l'amour

Nous sommes des pasteurs sans tendresse

[…] Je pense que nous avons souvent peur de la tendresse de Dieu et, de ce fait, nous ne la laissons pas agir en nous. C'est pour cette raison que nous sommes tant de fois durs, sévères, censeurs… Nous sommes des pasteurs sans tendresse. Que nous dit Jésus dans le chapitre 15 de Luc ? Il nous parle de ce pasteur qui s'aperçut qu'il avait quatre-vingt-dix-neuf brebis et qu'il lui en manquait une. Il les enferma à clé et alla chercher celle qui était emprisonnée au milieu des ronces. Et il ne la frappa pas, il ne la réprimanda pas. Il la prit dans ses bras, la serra contre lui et la soigna, car elle était blessée. Faites-vous la même chose avec vos fidèles quand vous vous apercevez qu'il en manque un ? Ou sommes-nous habitués à être une Église qui n'a qu'une seule brebis dans son troupeau et laisse les quatre-vingt-dix-neuf autres se perdre dans la montagne ? Toute cette tendresse t'émeut-elle ? Es-tu un pasteur de brebis ou es-tu devenu quelqu'un qui « peigne » l'unique brebis restée ? Car tu ne cherches que toi-même et tu as oublié la tendresse que t'a donnée ton Père, qui te la raconte dans le chapitre 11 d'Osée. Tu as oublié comment on donne de la tendresse. Le cœur du Christ est la tendresse de Dieu. « Comment puis-je te laisser seul ? Comment puis-je t'abandonner ? Quand tu es seul, désorienté, perdu, viens à moi, et je te sauverai, je te consolerai. »

Je vous demande aujourd'hui de laisser le « fouet » accroché à la sacristie et d'être des pasteurs avec la tendresse de Dieu, également envers ceux qui vous créent le plus de problèmes. C'est une grâce divine. Nous ne croyons pas en un Dieu éthéré, nous croyons en un Dieu qui s'est fait chair, qui a un cœur, et ce cœur nous parle ainsi aujourd'hui : « Venez à moi. Si vous êtes las, opprimés, et je vous donnerai le repos. Mais traitez les plus petits avec tendresse, avec la même tendresse avec laquelle je les traite. »

(Homélie, troisième Retraite mondiale des prêtres, basilique Saint-Jean-de-Latran, vendredi 12 juin 2015)

La grande famille des enfants de Dieu

[…] Dans la parabole du fils prodigue (*cf.* Lc 15,11-32), ou mieux, du père miséricordieux, le plus jeune fils quitte la maison paternelle, dilapide tout et décide de rentrer parce qu'il se rend compte qu'il s'est trompé, mais il ne se considère plus digne d'être un fils et pense pouvoir être accueilli comme un serviteur. Son père, au contraire, court à sa rencontre, l'embrasse, lui rend sa dignité de fils et fait la fête. Cette parabole, comme d'autres dans l'Évangile, indique bien le dessein de Dieu pour l'humanité.

Quel est ce projet ? C'est de faire de nous tous ses enfants, une unique famille, dans laquelle chacun se sent proche et se sent aimé par Lui, comme dans la parabole de l'Évangile. C'est dans ce grand dessein que trouve ses racines l'Église, qui n'est pas une organisation née d'un accord entre certaines personnes, mais l'œuvre de Dieu, comme nous l'a si souvent rappelé le pape Benoît XVI. Elle naît précisément de ce dessein d'amour qui se réalise progressivement dans l'histoire, du désir de Dieu d'appeler tous les hommes à la communion avec Lui, à l'amitié avec Lui, et même à participer de sa vie divine comme ses propres enfants. Le terme « église » lui-même, du grec « *ekklesia* », signifie « convocation » : Dieu nous convoque, nous pousse à sortir de notre individualisme, de notre tendance à nous renfermer sur nous-mêmes et nous appelle à faire partie de sa famille. Et cet appel trouve son origine dans la création elle-même. Dieu nous a créés afin que nous vivions dans une relation de profonde amitié avec Lui, et même quand le péché a rompu cette relation avec Lui, les autres et le créé, Dieu ne nous a pas abandonnés. Toute l'histoire du salut est l'histoire de Dieu qui cherche l'homme, lui offre son amour, l'accueille. Il a appelé Abraham à être père d'une multitude, il a choisi le peuple d'Israël pour sceller une alliance qui embrasse tous les peuples, et il a envoyé, dans la plénitude des temps, son Fils pour que son dessein d'amour et de salut se réalise dans une alliance nouvelle et éternelle avec l'humanité tout entière. Quand nous lisons les Évangiles, nous voyons que Jésus rassemble autour de lui une petite communauté qui accueille sa parole, le suit, partage son chemin, devient sa famille, et avec cette communauté, il prépare et construit son Église.

D'où naît alors l'Église ? Elle naît du geste suprême d'amour de la Croix, du côté ouvert de Jésus d'où sortent le sang et l'eau, symboles des sacrements de l'eucharistie et du baptême. Dans la famille de Dieu, dans l'Église, la sève vitale est l'amour de Dieu qui se concrétise dans l'amour pour Lui et pour les autres, tous, sans distinction et sans mesure. L'Église est une famille dans laquelle on aime et on est aimé.

Quand l'Église se manifeste-t-elle ? Quand le don de l'Esprit saint remplit le cœur des apôtres et les pousse à sortir et à se mettre en marche pour annoncer l'Évangile, répandre l'amour de Dieu.

Aujourd'hui encore, certains disent : « Le Christ, oui, l'Église, non. » Comme ceux qui disent : « Je crois en Dieu, mais pas dans les prêtres. » Mais c'est précisément l'Église qui nous donne le Christ et nous conduit à Dieu ; l'Église est la grande famille des enfants de Dieu. Certes, elle a aussi des aspects humains. Dans ceux qui la composent, pasteurs et fidèles, il y a des défauts, des imperfections, des péchés ; le pape aussi en a beaucoup. Mais quand nous nous rendons compte que nous sommes pécheurs, nous trouvons la miséricorde de Dieu, qui pardonne toujours. Certains disent que le péché est une offense à Dieu, mais aussi une occasion d'humiliation pour se rendre compte qu'il y a autre chose de plus beau : la miséricorde de Dieu.

Demandons-nous aujourd'hui : combien est-ce que j'aime l'Église ? Est-ce que je prie pour elle ? Est-ce que je me sens membre de la famille de l'Église ? Qu'est-ce que je fais pour qu'elle soit une communauté dans laquelle chacun se sente accueilli et compris, fasse l'expérience de la miséricorde et de l'amour de Dieu qui renouvellent la vie ? La foi est un don et un acte qui nous concernent personnellement, mais Dieu nous appelle à vivre notre foi ensemble, comme famille, comme Église.

Demandons au Seigneur que nos communautés, toute l'Église, soient toujours plus de vraies familles qui vivent et portent la chaleur de Dieu.

(Audience générale, place Saint-Pierre, mercredi 29 mai 2013)

L'Église est une maman miséricordieuse

L'image de l'Église comme mère me plaît beaucoup. Il me semble qu'elle nous dit non seulement comment est l'Église, mais aussi quel visage elle devrait avoir toujours davantage. […] Et je me demande : que fait une maman ?

Tout d'abord, elle apprend à marcher, à aller droit dans la vie, elle sait comment orienter ses enfants, elle tente toujours d'indiquer la bonne route pour grandir et devenir adulte. Et elle le fait avec tendresse, affection, amour, toujours, même lorsqu'elle essaie de redresser notre trajectoire quand nous nous écartons un peu du chemin de notre vie ou que nous prenons une route menant à un précipice. Une maman sait ce qui est important pour que son enfant avance bien dans la vie, et elle ne l'a pas appris dans les livres, mais dans son propre cœur. L'université des mamans est leur cœur !

L'Église fait la même chose : elle oriente notre vie, elle nous apprend à marcher droit. Pensons aux Dix Commandements : ils nous indiquent la route à parcourir pour mûrir, pour nous donner des points de repère dans notre manière de nous comporter. Et ils sont le fruit de la tendresse, de l'amour même de Dieu, qui nous les a donnés. Vous pourriez me dire : mais ce sont des commandements, c'est un ensemble de « non » ! Je voudrais vous inviter à les lire — peut-être les avez-vous un peu oubliés — puis à y réfléchir de manière positive. Vous verrez qu'ils concernent notre façon de nous comporter envers Dieu, envers nous-mêmes et envers les autres, exactement ce que nous apprend une maman pour bien vivre. Ils nous invitent à ne pas avoir d'idoles matérielles qui ensuite nous rendent esclaves, à nous souvenir de Dieu, à être honnêtes, à respecter l'autre… Essayez de les voir ainsi et de les considérer comme s'ils étaient les paroles, les enseignements d'une maman pour aller droit dans la vie. Une maman ne veut que le bien de ses enfants, et ainsi fait l'Église.

Quand un enfant grandit, devient adulte, assume ses responsabilités, vole de ses propres ailes, il fait ce qu'il veut, mais parfois, il lui arrive aussi de sortir de la route et d'avoir un accident. La maman, toujours, en toute situation, a la patience de continuer à accompagner ses enfants. C'est la force de l'amour qui la pousse. Une maman sait suivre avec discrétion et tendresse le chemin de ses enfants, et même quand ils font des erreurs, elle trouve toujours la manière de comprendre, d'être proche, d'aider. Chez moi, nous disons qu'une maman sait « *dar la cara* ». Cela veut dire qu'une maman sait « se battre » pour ses enfants ; elle est poussée à les défendre, toujours. Je pense aux mamans qui souffrent pour leurs enfants en prison ou dans des situations difficiles : elles ne se demandent pas s'ils sont coupables ou non, elles continuent à les aimer et subissent souvent des humiliations, mais elles n'ont pas peur, elles n'arrêtent pas pour autant de se donner.

L'Église est ainsi, elle est une maman miséricordieuse, qui comprend, qui cherche toujours à aider, à encourager. Même face à ses enfants qui ont commis des erreurs et en commettent, elle ne ferme jamais la porte de la maison. Elle ne juge pas, mais elle offre le pardon de Dieu, elle offre son amour, qui invite à reprendre le chemin, à ceux parmi ses enfants qui sont tombés dans un abîme profond. L'Église n'a pas peur d'entrer dans leur nuit pour donner l'espérance. L'Église n'a pas peur d'entrer dans notre nuit quand nous sommes dans l'obscurité de l'âme et de la conscience, pour nous donner l'espérance. Car l'Église est mère ! [...]

(Audience générale, place Saint-Pierre, mercredi 18 septembre 2013)

L'Église préside dans la charité

[…] Dans l'Église, toute présidence vient de la charité, doit s'exercer dans la charité et a comme fin la charité. […]

Dans sa première lettre aux Corinthiens, l'apôtre Paul énumère les caractéristiques de la charité. Il nous dit tout d'abord que l'amour « prend patience » et « rend service ». Plus s'élargit la responsabilité dans le service de l'Église, plus le cœur doit s'élargir, se dilater à la mesure du cœur du Christ. « Rendre service » est, en un certain sens, synonyme de catholicité : c'est savoir aimer sans limites, mais en même temps être attentif aux situations particulières, et avec des gestes concrets. Aimer ce qui est grand sans négliger ce qui est petit, aimer les petites choses à l'horizon des grandes, parce que « *Non coerceri a maximo, contineri tamen a minimo divinum est* » (« Ne pas être limité par le plus grand, se contenter du minimum, ceci est divin »). Savoir aimer avec des gestes gratuits. « Rendre service », c'est l'intention ferme et constante de vouloir le bien, toujours et pour tous, y compris ceux qui ne nous aiment pas.

L'apôtre dit aussi que l'amour « ne jalouse pas, ne se vante pas, ne se gonfle pas d'orgueil ». C'est vraiment là un miracle de l'amour, parce que nous, les êtres humains — tous, et à tous les âges de la vie —, sommes enclins à la jalousie et à l'orgueil en raison de notre nature marquée par le péché. Et les dignités ecclésiastiques ne sont pas exemptes de cette tentation. Mais justement à cause de cela, la force divine de l'amour qui transforme le cœur peut surgir encore davantage en nous, de sorte que ce n'est plus toi qui vis, mais le Christ qui vit en toi. Et Jésus est tout amour.

De plus, l'amour « ne fait rien d'inconvenant, ne cherche pas son intérêt ». Ces deux caractéristiques révèlent que celui qui vit dans l'amour est décentré de soi. Celui qui est autocentré manque inévitablement de respect, souvent sans en être conscient, parce que le « respect » est justement la capacité à tenir compte de l'autre, de sa dignité, de sa condition, de ses besoins. Celui qui est autocentré cherche son propre intérêt, et cela lui semble normal, comme un dû. Cet « intérêt » peut être revêtu de nobles habits, mais dessous, il y a toujours le « propre intérêt ». Au contraire, l'amour te décentre et te place au véritable centre qui est le Christ. Seulement là, tu peux être une personne respectueuse et attentive au bien des autres.

L'amour, dit Paul, « ne s'emporte pas, n'entretient pas de rancune ». Les occasions de s'emporter ne manquent pas au pasteur qui vit au contact des gens. Et plus encore peut-être risquons-nous de nous fâcher avec nos confrères. En cela aussi c'est l'amour et seulement l'amour qui nous libère. Il nous libère du danger de réagir de manière impulsive, de dire et de faire des erreurs. Et surtout il nous libère du risque mortel de la colère entretenue, « couvée », qui pousse à tenir le compte des maux qu'on reçoit. Non, cela n'est pas acceptable chez l'homme d'Église. Cependant, si l'on peut excuser une colère momentanée et aussitôt retombée, il n'en va pas de même pour la rancune. Que Dieu nous en préserve et nous en libère !

L'amour — ajoute l'apôtre — « ne se réjouit pas de ce qui est injuste, mais il trouve sa joie dans ce qui est vrai ». Celui qui est appelé dans l'Église au service du gouvernement doit avoir un sens fort de la justice, de sorte qu'il trouve inacceptable toute injustice, même celle qui pourrait être avantageuse pour lui ou pour l'Église. Et en même temps, « il trouve sa joie dans ce qui est vrai » : que cette expression est belle ! L'homme de Dieu est fasciné par la vérité qu'il trouve pleinement dans la parole et dans la chair de Jésus Christ. Il est la source inépuisable de notre joie. Que le peuple de Dieu puisse toujours trouver en nous la ferme dénonciation de l'injustice et le service joyeux de la vérité.

Enfin, l'amour « supporte tout, fait confiance en tout, espère tout, endure tout ». Il y a ici, en quatre mots, un programme de vie spirituelle et pastorale. L'amour du Christ, répandu dans nos cœurs par l'Esprit saint, nous permet d'être ainsi : des personnes capables de toujours pardonner, de toujours faire confiance, car pleines de foi en Dieu, de toujours inspirer l'espérance, car pleines d'espérance en Dieu, de supporter avec patience toute situation et chaque frère et sœur, en union avec Jésus qui a supporté avec amour le poids de tous nos péchés. [...]

(Homélie, consistoire ordinaire public pour la création de nouveaux cardinaux, basilique Saint-Pierre, samedi 14 février 2015)

Contre la mondialisation de l'indifférence

[...] Dieu ne nous demande rien qu'il ne nous ait donné auparavant : « Nous aimons parce que Dieu lui-même nous a aimés le premier » (1 Jn 4,19). Il n'est pas indifférent à nous. Il porte chacun de nous dans son cœur, il nous connaît par notre nom, il prend soin de nous et il nous cherche quand nous l'abandonnons. Chacun de nous l'intéresse ; son amour l'empêche d'être indifférent à ce qui nous arrive. Mais il se peut que, quand nous allons bien et prenons nos aises, nous oubliions de penser aux autres (ce que Dieu le Père ne fait jamais), nous ne nous intéressions plus à leurs problèmes, à leurs souffrances et aux injustices qu'ils subissent. Notre cœur tombe dans l'indifférence : alors que je vais relativement bien et que tout me réussit, j'oublie ceux qui ne vont pas bien. Cette attitude égoïste a pris aujourd'hui une dimension mondiale, au point que nous pouvons parler d'une mondialisation de l'indifférence. Il s'agit d'un malaise que, comme chrétiens, nous devons affronter. [...]

Dieu n'est pas indifférent au monde, il l'aime jusqu'à donner son Fils pour le salut de tout homme. À travers l'incarnation, la vie terrestre, la mort et la résurrection du Fils de Dieu, la porte entre Dieu et l'homme, entre le ciel et la terre, s'est définitivement ouverte. Et l'Église est comme la main qui maintient ouverte cette porte grâce à la proclamation de la Parole, à la célébration des sacrements, au témoignage de la foi qui devient agissante dans l'amour (*cf.* Ga 5,6).

Toutefois, le monde tend à s'enfermer sur lui-même et à fermer cette porte par laquelle Dieu entre dans le monde et le monde en lui. Ainsi, la main, qui est l'Église, ne doit jamais être surprise si elle est repoussée, écrasée et blessée.

C'est pourquoi le peuple de Dieu a besoin de renouveau, pour ne pas devenir indifférent et se renfermer sur lui-même. [...] La charité de Dieu qui rompt ce mortel enfermement nous est offerte par l'Église dans son enseignement et, surtout, dans son témoignage. Cependant, on ne peut témoigner que de ce que l'on a éprouvé auparavant. Le chrétien est celui qui permet à Dieu de le revêtir de sa bonté et de sa miséricorde, de le revêtir du Christ, pour devenir comme lui, serviteur de Dieu et des hommes. La liturgie du jeudi saint, avec le rite du lavement des pieds, nous le rappelle bien. Pierre ne voulait pas que Jésus lui lave les pieds, mais il a ensuite compris que Jésus ne veut pas seulement montrer de quelle manière nous devons nous laver les pieds les uns les autres. Ce service ne peut être rendu que par celui qui s'est d'abord laissé laver les pieds par le Christ. Seul celui-là a « part » avec lui (Jn 13,8) et peut ainsi servir l'homme.

Le Carême est un temps propice pour nous laisser servir par le Christ et apprendre ainsi à servir comme lui. Cela advient lorsque nous écoutons la Parole de Dieu et recevons les sacrements, en particulier l'Eucharistie. En elle, nous devenons ce que nous recevons : le corps du Christ. Grâce à ce corps, cette indifférence, qui semble prendre si souvent le pouvoir dans nos cœurs, ne trouve plus de place en nous. Puisque ceux qui sont du Christ appartiennent à l'unique corps du Christ, et en lui personne n'est indifférent à l'autre. « Si un seul membre souffre, tous les membres partagent sa souffrance ; si un membre est à l'honneur, tous partagent sa joie » (1 Co 12,26).

L'Église est une *communio sanctorum* parce que les saints y prennent part, mais aussi parce qu'elle est communion de choses saintes :

l'amour de Dieu révélé à nous dans le Christ ainsi que tous les dons divins. Dans cette communion des saints et dans cette participation aux choses saintes, personne n'a rien en propre, ce qu'on possède est pour tout le monde. Et puisque nous sommes liés en Dieu, nous pouvons aussi faire quelque chose pour ceux qui sont loin, ceux que nous ne pourrions jamais rejoindre par nos propres forces. Car nous prions Dieu avec eux et pour eux, afin de nous ouvrir tous ensemble à son œuvre de salut.

Il est nécessaire de traduire tout l'enseignement de l'Église universelle dans la vie concrète des paroisses et des communautés chrétiennes. Réussit-on au cœur de ces réalités ecclésiales à faire l'expérience d'appartenir à un seul corps ? Un corps qui en même temps reçoit et partage tout ce que Dieu désire donner ? Un corps qui connaît et qui prend soin de ses membres les plus faibles, les plus pauvres et les plus petits ? Ou bien nous réfugions-nous dans un amour universel qui s'engage en faveur d'un monde lointain mais qui oublie le Lazare assis devant sa propre porte fermée (*cf.* Lc 16,19-31) ?

Pour recevoir et faire fructifier pleinement ce que Dieu nous donne, il faut dépasser les frontières de l'Église visible dans deux directions.

D'une part, en nous unissant à l'Église du ciel dans la prière. Quand l'Église terrestre prie, s'instaure une communion de service réciproque et de bien qui parvient jusque devant Dieu. Avec les saints qui ont trouvé leur plénitude en Dieu, nous faisons partie de cette communion dans laquelle l'indifférence est vaincue par l'amour. L'Église du ciel n'est pas triomphante parce qu'elle a tourné le dos aux souffrances du monde. Au contraire, les saints peuvent déjà contempler et se réjouir du fait que, avec la mort et la résurrection de Jésus, ils ont vaincu définitivement l'indifférence, la dureté du cœur et la haine. Tant que cette victoire de l'amour ne pénètre pas le monde entier, les saints marchent avec nous qui sommes encore pèlerins.

Sainte Thérèse de Lisieux, docteur de l'Église, convaincue que la joie dans le ciel par la victoire de l'amour crucifié n'est pas complète tant qu'un seul homme sur terre souffre et gémit, écrivait : « Je compte bien ne pas rester inactive au ciel, mon désir est de travailler encore pour l'Église et les âmes » (lettre 254, 14 juillet 1897). Nous aussi, nous participons aux mérites et à la joie des saints et eux participent à notre lutte et à notre désir de paix et de réconciliation. Leur joie face à la victoire du Christ ressuscité est un motif de force nous permettant de dépasser tant de formes d'indifférence et de dureté du cœur.

D'autre part, chaque communauté chrétienne est appelée à être en relation avec la société qui l'entoure, avec les pauvres et ceux qui sont loin. L'Église est, par nature, missionnaire, elle n'est pas repliée sur elle-même, mais envoyée à tous les hommes. Cette mission est le témoignage patient de celui qui veut porter au Père toute la réalité humaine et chaque homme en particulier. La mission est ce que l'amour ne peut pas taire. L'Église suit Jésus Christ sur la route qui la conduit vers tout homme, jusqu'aux confins de la terre (*cf.* Ac 1,8). Nous pouvons ainsi voir dans notre prochain le frère et la sœur pour lesquels le Christ est mort et ressuscité. Tout ce que nous avons reçu, nous l'avons reçu aussi pour eux. Et, de la même manière, ce que ces frères possèdent est un don pour l'Église et pour l'humanité entière.

Je désire tant que les lieux où se manifeste l'Église, en particulier nos paroisses et nos communautés, deviennent des îles de miséricorde au milieu de la mer de l'indifférence !

Même en tant qu'individus nous sommes souvent tentés d'être indifférents à la misère des autres. Nous sommes saturés de nouvelles et d'images bouleversantes qui nous racontent la souffrance humaine et nous sentons en même temps toute notre incapacité à intervenir. Que faire pour ne pas se laisser absorber par cette spirale de peur et d'impuissance ?

Tout d'abord, nous pouvons prier dans la communion de l'Église terrestre et céleste. Ne négligeons pas la force de la prière de tant de personnes ! Ensuite, nous pouvons aider par des gestes de charité, atteignant aussi bien ceux qui sont proches que ceux qui sont loin, grâce aux nombreux organismes de charité de l'Église. [...] Enfin, la souffrance de l'autre constitue un appel à la conversion parce que le besoin du frère me rappelle la fragilité de ma vie, ma dépendance envers Dieu et mes frères. Si nous demandons humblement la grâce de Dieu et que nous acceptons nos limites, alors nous aurons confiance dans les possibilités infinies que l'amour de Dieu a en réserve. Et nous pourrons résister à la tentation diabolique qui nous fait croire que nous pouvons nous sauver et sauver le monde tout seuls.

Pour dépasser l'indifférence et nos prétentions de toute-puissance, vivons ce temps de Carême comme un parcours de formation du cœur, comme l'a dit Benoît XVI (*cf.* Lettre encyclique *Deus caritas est*, n° 31). Avoir un cœur miséricordieux ne veut pas dire avoir un cœur faible. Celui qui veut être miséricordieux a besoin d'un cœur fort, solide, fermé au tentateur, mais ouvert à Dieu. Un cœur qui se laisse pénétrer par l'Esprit et porter sur les voies de l'amour qui conduisent à nos frères et à nos sœurs. Au fond, un cœur pauvre, qui connaisse ses propres pauvretés et qui se dépense pour l'autre.

« *Fac cor nostrum secundum cor tuum* » : « Rends notre cœur semblable au tien » (litanies du Sacré Cœur de Jésus). Alors nous aurons un cœur fort et miséricordieux, vigilant et généreux, qui ne se laisse pas enfermer en lui-même et ne tombe pas dans le vertige de la mondialisation de l'indifférence. [...]

(Message pour le Carême 2015, 4 octobre 2014)

Est-ce que tu pleures pour ton peuple ?

[...] Dans son homélie pour la canonisation de sœur Faustine Kowalska, en 2000, Jean-Paul II soulignait que le message de Jésus Christ est arrivé à elle entre les deux guerres mondiales et qu'il est profondément lié à l'histoire du XXᵉ siècle. Et en regardant l'avenir, il disait : « Que nous apporteront les années qui s'ouvrent à nous ? Quel sera l'avenir de l'homme sur la terre ? Nous ne pouvons pas le savoir. Il est toutefois certain qu'à côté de nouveaux progrès ne manqueront pas, malheureusement, les expériences douloureuses. Mais la lumière de la miséricorde divine, que le Seigneur a presque voulu remettre au monde à travers le charisme de sœur Faustine, illuminera le chemin des hommes du troisième millénaire. » [...]

Aujourd'hui, nous oublions tout trop vite, même le magistère de l'Église ! C'est en partie inévitable, mais les grands contenus, les grandes intuitions et les consignes laissées au peuple de Dieu, nous ne pouvons pas les oublier. Et celle de la miséricorde divine en fait partie. C'est à nous, ministres de l'Église, de garder ce message vivant, surtout dans la prédication et dans les gestes, dans les signes, dans les choix pastoraux, par exemple le choix de redonner la priorité au sacrement de la réconciliation et, dans le même temps, aux œuvres de miséricorde. [...]

Demandons-nous ce que signifie la miséricorde pour nous, prêtres. Les prêtres s'émeuvent devant les brebis, comme Jésus lorsqu'il voyait des gens fatigués et épuisés comme des brebis sans berger. Jésus a les « entrailles » de Dieu, Isaïe en parle beaucoup : il est plein de tendresse pour les personnes, surtout pour celles qui sont exclues, c'est-à-dire les pécheurs, les malades dont personne ne s'occupe… Ainsi, à l'image du Bon Pasteur, le prêtre est un homme de miséricorde et de compassion, proche de son peuple et serviteur de tous. C'est un critère pastoral que je voudrais vraiment souligner : la proximité. Quiconque est blessé dans sa vie, de quelque façon que ce soit, peut trouver chez lui attention et écoute. Le prêtre manifeste la miséricorde en particulier lorsqu'il administre le sacrement de la réconciliation ; il la manifeste dans tout son comportement, dans sa manière d'accueillir, de conseiller, de donner l'absolution. Mais cela vient de la manière dont lui-même vit le sacrement, dont il se laisse embrasser par Dieu le Père dans la confession et dont il reste dans ses bras. Si l'on vit cela en soi-même, dans son cœur, on peut le donner aux autres dans le ministère. Comment est-ce que je me confesse ? Est-ce que je me laisse embrasser ? Je pense à un grand prêtre de Buenos Aires, plus jeune que moi — il doit avoir 72 ans. C'est un grand confesseur, il y a toujours la queue pour le voir. Un jour, il est venu me voir : « Mais, Père… » « Dis-moi. » « J'ai des scrupules, parce que je sais que je pardonne trop ! » Et nous avons parlé de la miséricorde. À un moment, il m'a dit : « Tu sais, quand je sens que ce scrupule est trop fort, je vais dans la chapelle, devant le tabernacle, et je Lui dis : "Excuse-moi, mais c'est de ta faute, parce que tu m'as donné le mauvais exemple !" Et je repars tranquille. » C'est une belle prière de miséricorde ! Si l'on vit cela dans la confession pour soi, dans son cœur, on peut aussi le donner aux autres.

Le prêtre est appelé à avoir un cœur qui s'émeut. Les prêtres « aseptisés », ceux « de laboratoire », tout propres, tout beaux, n'aident pas l'Église. L'Église d'aujourd'hui, nous pouvons l'imaginer comme un « hôpital de campagne ». Il faut soigner les blessures ! Il y a tant de personnes blessées par les problèmes matériels, par les scandales, même dans l'Église, par les illusions du monde. Nous, les prêtres, nous devons être là, auprès d'elles. La miséricorde signifie avant tout soigner les blessures ouvertes. [...] Connaissez-vous les blessures de vos paroissiens ? Est-ce que vous les devinez ? Est-ce que vous êtes proches d'eux ? C'est la seule question.

Revenons au sacrement de la réconciliation. Il nous arrive souvent que des fidèles nous racontent avoir rencontré, dans la confession, un prêtre très « strict », rigoriste, ou au contraire très « large », laxiste. Et cela ne va pas. Il est normal qu'il y ait des différences de style entre les confesseurs, mais ces différences ne peuvent pas concerner la substance, c'est-à-dire la saine doctrine morale et la miséricorde. Ni le laxiste ni le rigoriste ne rend témoignage de Jésus Christ, parce que ni l'un ni l'autre ne prend en charge la personne qu'il rencontre. Le rigoriste se lave les mains en la clouant à la loi, entendue de manière froide et rigide. Le laxiste, lui, n'est miséricordieux qu'en apparence, car en réalité, en minimisant le péché, il ne prend pas au sérieux le problème de cette conscience. La véritable miséricorde prend en charge la personne, l'écoute attentivement, s'approche avec respect et vérité de sa situation et l'accompagne sur le chemin de la réconciliation. Et bien sûr, c'est fatigant. Le prêtre vraiment miséricordieux se comporte comme le Bon Samaritain. Mais pourquoi le fait-il ? Parce que son cœur est capable de compassion, c'est le cœur du Christ ! Nous savons bien que ni le laxisme ni le rigorisme ne font croître la sainteté. [...] La miséricorde, en revanche, accompagne la sainteté et la fait croître. Trop de travail pour un curé ? C'est vrai, trop de travail ! Et de quelle manière accompagne-t-il et fait-il croître le chemin de la sainteté ? À travers la souffrance pastorale, qui est une forme de la miséricorde. Que signifie la souffrance pastorale ? Cela veut dire souffrir pour et avec les personnes. Et cela n'est pas facile ! Souffrir comme un père et une mère souffrent pour leurs enfants.

Pour m'expliquer, je vais vous poser quelques questions qui m'aident lorsqu'un prêtre vient me voir, mais aussi lorsque je suis seul devant le Seigneur.

Pleures-tu encore ? Je me souviens d'une très belle prière qu'on trouvait dans les anciens missels pour demander le don des larmes. Elle commençait plus ou moins ainsi : « Seigneur, tu as donné à Moïse le mandat de frapper la pierre pour que sorte l'eau, frappe la pierre de mon cœur pour que les larmes viennent… » Combien d'entre nous pleurent devant la souffrance d'un enfant, devant la destruction d'une famille, devant tant de personnes qui ne trouvent pas le chemin ? Est-ce que tu pleures pour ton peuple ? Est-ce que tu prononces la prière d'intercession devant le tabernacle ?

Est-ce que tu luttes avec le Seigneur pour ton peuple, comme Abraham a lutté ? « Peut-être s'en trouvera-t-il seulement trente ? Seulement vingt ? » (*cf.* Gn 18,22-33). Cette courageuse prière d'intercession… Nous parlons de parrêsia, de courage apostolique, et nous pensons aux programmes pastoraux. C'est bien, mais cette parrêsia est nécessaire également dans la prière. Est-ce que tu discutes avec le Seigneur comme l'a fait Moïse ? Quand le Seigneur en avait assez, quand il était fatigué de son peuple et qu'il lui a dit : « Sois tranquille, je les détruirai tous et je te ferai chef d'un autre peuple. » « Non, non ! Si tu détruis le peuple, détruis-moi aussi ! » Est-ce que nous avons le courage de lutter avec Dieu pour notre peuple ?

Le soir, comment conclus-tu ta journée ? Avec le Seigneur ou avec la télévision ? Quel est ton rapport avec ceux qui aident à être plus miséricordieux, c'est-à-dire les enfants, les personnes âgées, les malades ?

N'aie pas honte de la chair de ton frère. À la fin, nous serons jugés sur la façon dont nous aurons su nous approcher de « toute chair »

— c'est Isaïe qui le dit. Le prêtre et le lévite qui passèrent avant le Bon Samaritain n'ont pas su s'approcher de cette personne malmenée par les bandits. Peut-être le prêtre a-t-il regardé sa montre et a-t-il dit : « Il faut que j'aille à la messe, je ne peux pas arriver en retard » ? Et il est parti. Combien de fois trouvons-nous des excuses pour contourner le problème, la personne ? L'autre, le lévite, ou le docteur de la loi, l'avocat, a dit : « Non, je ne peux pas parce que si je fais ça, demain, je devrai aller témoigner, je vais perdre du temps... » Leurs cœurs étaient fermés et le cœur fermé se justifie toujours de ce qu'il ne fait pas. Au contraire, le samaritain ouvre le sien, se laisse émouvoir, et ce mouvement intérieur se traduit en action, en une intervention concrète et efficace pour aider cette personne.

À la fin des temps, ne sera admis à contempler la chair crucifiée du Christ que celui qui n'aura pas eu honte de la chair de son frère blessé et exclu. [...]

À Buenos Aires — je parle d'un autre prêtre —, il y avait un confesseur célèbre, un prêtre du Saint-Sacrement, auquel presque tout le clergé se confessait. [...] À l'époque, j'étais vicaire général, j'habitais à la curie, et tous les matins, je descendais relever les fax. C'est ainsi que j'ai appris un matin de Pâques la mort du père Aristi, à 94 ou 96 ans. Après le déjeuner — que j'ai pris, comme je le faisais en général à Pâques, avec les prêtres de la maison de retraite —, je suis allé à l'église. C'était une très grande église, avec une très belle crypte. Je suis descendu dans la crypte où seulement deux petites vieilles priaient autour du cercueil sans fleurs. J'ai pensé : même pas une fleur pour cet homme qui a pardonné les péchés de tout le clergé de Buenos Aires et les miens aussi. Je suis allé acheter des roses, je suis revenu et j'ai commencé à les arranger autour du cercueil. J'ai alors regardé le chapelet qu'il avait entre ses mains et il m'est immédiatement venu à l'esprit — ce voleur qui est en chacun de nous, non ? — de prendre la croix de son chapelet. J'ai réussi à la détacher en forçant un peu.

Je l'ai alors regardé en disant : « Donne-moi la moitié de ta miséricorde. » J'ai senti quelque chose de fort qui m'a donné le courage de faire cela et de dire cette prière. Et j'ai mis sa croix dans ma poche. Les soutanes du pape n'ont pas de poches, mais je porte toujours sur moi une petite pochette en tissu, et depuis ce jour-là, cette croix est avec moi. Et lorsqu'il me vient une pensée mauvaise contre quelqu'un, ma main se pose toujours ici. Et je sens la grâce, je sens que cela me fait du bien. Que de bien fait l'exemple d'un prêtre miséricordieux, un prêtre qui s'approche des blessures. [...]

(Discours aux prêtres du diocèse de Rome, jeudi 6 mars 2014)

Notre crédibilité se joue sur l'Évangile des exclus

[...] Il existe deux logiques de pensée et de foi : la peur de perdre ceux qui sont sauvés et le désir de sauver ceux qui sont perdus. Aujourd'hui aussi il arrive, parfois, de nous trouver au croisement de ces deux logiques : celle des docteurs de la loi, c'est-à-dire marginaliser le danger en éloignant la personne contaminée, le lépreux, et la logique de Dieu qui, avec sa miséricorde, serre dans ses bras et accueille en réintégrant et en transfigurant le mal en bien, la condamnation en salut et l'exclusion en annonce.

Ces deux logiques parcourent toute l'histoire de l'Église : exclure et réintégrer. Saint Paul, mettant en œuvre le commandement du Seigneur de porter l'annonce de l'Évangile jusqu'aux extrêmes limites de la terre (*cf.* Mt 28,19), scandalisa et rencontra une forte résistance et une grande hostilité, surtout de la part de ceux qui exigeaient aussi des païens convertis une observance inconditionnelle de la loi mosaïque. Même saint Pierre fut durement critiqué par la communauté quand il entra dans la maison du centurion païen Corneille (*cf.* Ac 10).

La voie de l'Église, depuis le concile de Jérusalem, est toujours celle de Jésus : celle de la miséricorde et de l'intégration. Cela ne veut pas dire sous-évaluer les dangers ou faire entrer les loups dans le troupeau, mais accueillir le fils prodigue repenti, guérir avec détermination et courage les blessures du péché, se retrousser les manches et ne pas regarder passivement la souffrance du monde. La voie de l'Église consiste à ne condamner personne éternellement, à répandre la miséricorde de Dieu sur toutes les personnes qui la demandent d'un cœur sincère, à sortir de son enceinte pour aller chercher ceux qui sont loin dans les « périphéries » essentielles de l'existence, à adopter intégralement la logique de Dieu, à suivre le Maître qui dit : « Ce ne sont pas les gens en bonne santé qui ont besoin du médecin, mais les malades. Je ne suis pas venu appeler les justes mais les pécheurs » (Lc 5,31-32). [...]

Ceci est la logique de Dieu, la voie de l'Église : non seulement accueillir et intégrer, avec un courage évangélique, ceux qui frappent à notre porte, mais sortir, aller chercher, sans préjugés et sans peur, ceux qui sont loin en leur manifestant gratuitement ce que nous avons reçu gratuitement. « Celui qui déclare demeurer dans le Christ doit, lui aussi, marcher comme Jésus lui-même a marché » (1 Jn 2,6). La totale disponibilité au service des autres est notre signe distinctif, notre seul titre honorifique.

Invoquons l'intercession de Marie, Mère de l'Église, qui a souffert elle-même l'exclusion à cause des calomnies (*cf.* Jn 8,41) et de l'exil (*cf.* Mt 2,13-23), afin qu'elle nous permette d'être des serviteurs fidèles de Dieu. Qu'elle nous enseigne — elle qui est la Mère — à ne pas avoir peur d'accueillir avec tendresse les exclus, à ne pas avoir peur de la tendresse et de la compassion. Qu'elle nous revête de patience pour les accompagner sur leur chemin, sans chercher les résultats d'un succès mondain ; qu'elle nous montre Jésus et nous fasse marcher comme lui.

En regardant vers Jésus et vers notre Mère, je vous exhorte à servir l'Église, de sorte que les chrétiens — édifiés par notre témoignage — ne soient pas tentés d'être avec Jésus tout en refusant d'être avec les exclus, s'isolant dans une caste qui n'a rien d'authentiquement ecclésial. Je vous exhorte à servir Jésus crucifié en toute personne exclue, pour quelque motif que ce soit. À voir le Seigneur en toute personne exclue qui a faim, qui a soif, qui est nue ; en ceux qui ont perdu la foi ou qui se déclarent athées ; en celui qui est en prison, qui est malade, qui n'a pas de travail, qui est persécuté ; en celui qui, tel le lépreux, est discriminé. Nous ne découvrons pas le Seigneur si nous n'accueillons pas l'exclu de façon authentique ! Rappelons-nous toujours l'image de saint François qui n'a pas eu peur d'embrasser le lépreux et d'accueillir ceux qui sont marginalisés. En réalité, chers frères, c'est sur l'Évangile des exclus que se joue, se découvre et se révèle notre crédibilité !

(Homélie, messe avec les nouveaux cardinaux, basilique Saint-Pierre, dimanche 15 février 2015)

La nouvelle évangélisation doit utiliser le langage de la miséricorde

[...] À notre époque, on constate souvent une certaine indifférence à l'égard de la foi, qui n'est plus considérée comme importante dans la vie de l'homme. Nouvelle évangélisation signifie réveiller la vie de la foi dans le cœur et dans l'esprit de nos contemporains. La foi est un don de Dieu, mais il est important que nous, chrétiens, nous montrions que nous vivons la foi de manière concrète, à travers l'amour, la concorde, la joie, la souffrance, car cela suscite des questions, comme aux débuts de l'Église : pourquoi vivent-ils ainsi ? Qu'est-ce qui les pousse ? Ces interrogations conduisent au cœur de l'évangélisation, qui est le témoignage de la foi et de la charité. Nous avons besoin, en particulier aujourd'hui, de témoins crédibles qui, à travers leur vie et leur parole, rendent l'Évangile visible, réveillent l'attraction pour Jésus Christ, pour la beauté de Dieu.

De nombreuses personnes se sont éloignées de l'Église. Il n'est pas juste d'attribuer la faute à une partie ou une autre, et il ne faut d'ailleurs même pas parler de faute. L'histoire de l'Église et de ses hommes ont leur part de responsabilité, autant que certaines idéologies et les individus eux-mêmes. En tant que fils de l'Église, nous devons poursuivre le chemin du concile Vatican II, nous dépouiller des choses inutiles et nuisibles, des fausses sécurités mondaines qui alourdissent l'Église et lui portent préjudice.

Nous avons besoin de chrétiens qui rendent visible aux hommes d'aujourd'hui la miséricorde de Dieu, sa tendresse pour chaque créature. Nous savons tous que la crise de l'humanité contemporaine n'est pas superficielle, elle est profonde. C'est pourquoi la nouvelle évangélisation, alors qu'elle appelle à avoir le courage d'aller à contre-courant, de se débarrasser des idoles pour se convertir à l'unique vrai Dieu, ne peut qu'utiliser le langage de la miséricorde, fait de gestes et d'attitudes avant même que de mots. L'Église au milieu de l'humanité d'aujourd'hui dit : « Venez à Jésus, vous tous qui êtes fatigués et opprimés, et vous trouverez le repos pour vos âmes » (*cf.* Mt 11,28-30). Venez à Jésus. Lui seul a les paroles de vie éternelle.

Chaque baptisé est « christophore », c'est-à-dire porteur du Christ, comme le disaient les anciens Pères. Qui a rencontré le Christ, comme la Samaritaine au puits, ne peut garder pour lui cette expérience, mais ressent le désir de la partager, pour conduire d'autres personnes à Jésus (*cf.* Jn 4). Nous devons tous nous demander si ceux qui nous rencontrent perçoivent dans notre vie la chaleur de la foi, voient sur notre visage la joie d'avoir rencontré le Christ !

Nous passons alors au deuxième aspect : aller à la rencontre des autres. La nouvelle évangélisation est un mouvement renouvelé vers qui a égaré la foi et le sens profond de la vie. Ce dynamisme fait partie de la grande mission du Christ d'apporter la vie dans le monde, l'amour du Père à l'humanité. Le Fils de Dieu est « sorti » de sa condition divine et est venu à notre rencontre. L'Église se situe à l'intérieur de ce mouvement, chaque chrétien est appelé à aller à la rencontre des autres, à dialoguer avec ceux qui ne pensent pas comme nous, avec ceux qui ont une autre foi ou qui n'en ont pas. Rencontrer tout le monde, car nous avons tous en commun le fait d'avoir été créés à l'image et à la ressemblance de Dieu. Nous pouvons aller à la rencontre de tous, sans peur et sans renoncer à notre appartenance.

Personne n'est exclu de l'espérance de la vie, de l'amour de Dieu. L'Église est invitée à réveiller partout cette espérance, en particulier là où elle est étouffée par des conditions d'existence difficiles, parfois inhumaines. Il faut l'oxygène de l'Évangile, le souffle de l'Esprit du Christ ressuscité pour la rallumer dans les cœurs. L'Église est la maison dont les portes sont toujours ouvertes, non seulement pour que chacun puisse y trouver l'accueil et respirer l'amour et l'espérance, mais aussi pour que nous puissions sortir pour apporter cet amour et cette espérance. L'Esprit saint nous pousse à sortir de notre enclos et nous guide jusqu'aux périphéries de l'humanité.

Mais dans l'Église, tout cela n'est pas laissé au hasard, à l'improvisation. Cela exige l'engagement commun pour un projet pastoral qui soit bien centré sur l'essentiel, c'est-à-dire Jésus Christ. Il n'est pas nécessaire de se disperser dans tant de choses secondaires ou superflues, mais de se concentrer sur la réalité fondamentale, qui est la rencontre avec le Christ, avec sa miséricorde, son amour, et d'aimer nos frères comme Lui nous a aimés. Une rencontre avec le Christ qui est aussi adoration, un terme peu utilisé : adorer le Christ. Un projet animé par la créativité et par l'imagination de l'Esprit saint, qui nous pousse également à parcourir des voies nouvelles, avec courage, sans nous fossiliser ! Nous pourrions nous demander : comment est la pastorale de nos diocèses et de nos paroisses ? Rend-elle visible l'essentiel, c'est-à-dire Jésus Christ ? Les diverses expériences avancent-elles de concert dans l'harmonie que donne le Saint-Esprit ? Ou bien notre pastorale est-elle désordonnée, fragmentaire, raison pour laquelle, à la fin, chacun s'en va de son côté ?

Dans ce contexte, je voudrais souligner l'importance de la catéchèse comme moment de l'évangélisation. Le pape Paul VI l'a déjà fait dans *Evangelii nuntiandi* (*cf.* n° 44). À partir de là, le grand mouvement catéchistique s'est renouvelé pour dépasser la fracture entre l'Évangile et l'analphabétisme de notre époque en matière de foi. J'ai rappelé plusieurs fois un fait qui m'a impressionné dans mon ministère : rencontrer des enfants qui ne savaient même pas faire le signe de croix ! Le service qu'accomplissent les catéchistes est précieux pour la nouvelle évangélisation, et il est important que les parents soient les premiers catéchistes, les premiers éducateurs de la foi dans leur famille, à travers le témoignage et la parole.

(Discours aux participants à l'assemblée plénière du Conseil pontifical pour la promotion de la nouvelle évangélisation, lundi 14 octobre 2013)

LES APÔTRES ONT REÇU LE POUVOIR DE PARDONNER LES PÉCHÉS

[…] Il est un peu difficile de comprendre comment un homme peut pardonner les péchés, mais Jésus a donné ce pouvoir aux apôtres. L'Église est dépositaire du pouvoir des clés, d'ouvrir ou de fermer au pardon. Dieu pardonne chaque homme dans sa miséricorde souveraine, mais Lui-même a voulu que ceux qui appartiennent au Christ et à l'Église reçoivent le pardon à travers les ministres de la communauté. À travers le ministère apostolique, je suis touché par la miséricorde de Dieu, mes fautes me sont pardonnées, et la joie m'est donnée. De cette façon, Jésus nous appelle à vivre la réconciliation également dans la dimension ecclésiale, communautaire. Et cela est très beau. L'Église, qui est sainte et qui a aussi besoin de pénitence, accompagne notre chemin de conversion pour toute la vie. L'Église n'est pas patronne du pouvoir des clés, mais elle est servante du ministère de la miséricorde et se réjouit toutes les fois qu'elle peut offrir ce don divin. […]

Le pardon de Dieu qui nous est donné dans l'Église nous est transmis par l'intermédiaire du ministère de notre frère, le prêtre. Un homme qui, comme nous, a besoin de miséricorde, devient instrument de miséricorde en nous donnant l'amour sans limite de Dieu le Père. Les prêtres, les évêques et le pape doivent se confesser : nous sommes tous des pécheurs. Je me confesse tous les quinze jours et le confesseur entend les choses que je lui dis, me conseille et me pardonne, parce que nous avons tous besoin de ce pardon. Certains affirment se confesser directement auprès de Dieu… Oui, Dieu t'écoute toujours, mais dans le sacrement de la réconciliation, il envoie un frère t'apporter l'assurance du pardon, au nom de l'Église.

Le service du pardon des péchés qu'exerce le prêtre comme ministre, de la part de Dieu, est très délicat et exige que le cœur du prêtre soit en paix ; qu'il ne maltraite pas les fidèles, mais qu'il soit doux, bienveillant et miséricordieux ; qu'il sache semer l'espérance dans les cœurs ; et, surtout, qu'il soit conscient que le frère ou la sœur qui s'approche du sacrement de la réconciliation cherche le pardon et le fait comme tant de personnes s'approchaient de Jésus pour qu'il les guérisse. Il vaut mieux pour le prêtre qui n'est pas dans ces dispositions d'esprit de ne pas administrer ce sacrement tant qu'il ne se reprend pas.

En tant que membres de l'Église, sommes-nous conscients de la beauté de ce don que nous offre Dieu lui-même ? Sentons-nous la joie de ce soin, de cette attention maternelle que l'Église nourrit à notre égard ? Savons-nous la mettre en valeur avec simplicité et assiduité ? N'oublions pas que Dieu ne se lasse jamais de nous pardonner. À travers le ministère du prêtre, il nous serre dans une étreinte qui nous régénère et nous permet de nous relever et reprendre le chemin. Parce que c'est cela notre vie : sans cesse nous relever et reprendre le chemin.

(Audience générale, place Saint-Pierre, mercredi 20 novembre 2013)

Il ne faut pas avoir peur de la confession

À travers les sacrements de l'initiation chrétienne, le baptême, la confirmation et l'eucharistie, l'homme reçoit la vie nouvelle dans le Christ. Or, nous le savons tous, nous portons cette vie « dans des vases d'argile » (2 Co 4,7), nous sommes encore soumis à la tentation, à la souffrance, à la mort et, à cause du péché, nous pouvons même perdre la vie nouvelle. C'est pourquoi le Seigneur Jésus a voulu que l'Église continue son œuvre de salut également à l'égard de ses propres membres, en particulier avec le sacrement de la réconciliation et celui de l'onction des malades, qui peuvent être réunis sous le nom de « sacrements de guérison ». Le sacrement de la réconciliation est un sacrement de guérison. Lorsque je vais me confesser, c'est pour me guérir, me guérir l'âme, le cœur et quelque chose que j'ai fait qui ne va pas. Le passage de la Bible qui les exprime le mieux, dans leur lien profond, est l'épisode du pardon et de la guérison du paralytique, où le Seigneur Jésus se révèle à la fois médecin des âmes et des corps (*cf.* Mc 2,1-12 ; Mt 9,1-8 ; Lc 5,17-26).

Le sacrement de la pénitence et de la réconciliation naît directement du mystère pascal. En effet, le soir même de Pâques, le Seigneur apparut aux disciples, enfermés au Cénacle, et, après leur avoir adressé son salut « Paix à vous ! », il souffla sur eux et dit : « Recevez l'Esprit saint. À qui vous remettrez ses péchés, ils seront remis » (Jn 20,21-23). Ce passage nous révèle la dynamique la plus profonde de ce sacrement. Tout d'abord le fait que le pardon de nos péchés n'est pas quelque chose que nous pouvons nous donner nous-mêmes. Je ne peux pas dire : je me pardonne mes péchés. Le pardon se demande, il se demande à un autre, et dans la confession nous demandons le pardon à Jésus. Le pardon n'est pas le fruit de nos efforts, mais un cadeau, un don de l'Esprit saint, qui nous comble de la miséricorde et de la grâce qui jaillit sans cesse du cœur grand ouvert du Christ crucifié et ressuscité. Ensuite, il nous rappelle que ce n'est que si nous nous laissons réconcilier dans le Seigneur Jésus avec le Père et nos frères que nous pouvons vraiment être en paix. Et cela, nous le ressentons tous dans notre cœur quand nous allons nous confesser l'âme triste. Quand nous recevons le pardon de Jésus, nous trouvons cette paix de l'âme si belle que seul Jésus peut donner. [...]

Dans la célébration de ce sacrement, le prêtre ne représente pas seulement Dieu, mais toute la communauté, qui se reconnaît dans la fragilité de chacun de ses membres, qui écoute avec émotion son repentir, qui se réconcilie avec lui, qui le réconforte et l'accompagne sur le chemin de conversion et de maturation humaine et chrétienne. Oui, on peut dire à Dieu « pardonne-moi », mais nos péchés sont aussi contre nos frères, contre l'Église. C'est pourquoi il est nécessaire de demander pardon à l'Église, à nos frères, en la personne du prêtre. « Mais mon père, j'ai honte... » La honte aussi est une bonne chose, elle est salutaire. Quand une personne n'a pas honte, nous disons dans mon pays qu'elle est une « sans vergogne » (« *sin verguenza* »). La honte fait du bien, elle nous rend plus humbles. Le prêtre reçoit avec amour et tendresse cette confession et, au nom de Dieu, il pardonne. [...] Il ne faut pas avoir peur de la confession ! Quand on fait la queue pour se confesser, on ressent toutes ces choses, même la honte. Mais à la fin, on ressort libre, grand, beau, pardonné, blanc, heureux. C'est ce qui est beau dans la confession ! Que chacun se demande dans son cœur : quand me suis-je confessé pour la dernière fois ? Il y a deux jours, deux semaines, deux ans, vingt ans, quarante ans ? Si beaucoup de temps s'est écoulé, ne perds pas un jour de plus, va, le prêtre sera bon. Jésus est là, et Jésus est plus bon que les prêtres, Jésus te reçoit avec tant d'amour. Sois courageux et va te confesser ! [...]

(Audience générale, place Saint-Pierre, mercredi 19 février 2014)

Dispenser au nom de Jésus soulagement et paix

Le sacrement de l'onction des malades nous permet de toucher du doigt la compassion de Dieu pour l'homme. Par le passé, il était appelé « extrême-onction », parce qu'il était entendu comme un réconfort spirituel à l'approche imminente de la mort. Parler en revanche d'« onction des malades » nous permet d'élargir à l'expérience de la maladie et de la souffrance, dans l'horizon de la miséricorde de Dieu.

Une image biblique exprime dans toute sa profondeur le mystère qui transparaît dans l'onction des malades : c'est la parabole du « Bon Samaritain » dans l'Évangile de Luc (10,30-35). Chaque fois que nous célébrons ce sacrement, le Seigneur Jésus, dans la personne du prêtre, se fait proche de celui qui souffre et qui est gravement malade ou âgé. La parabole dit que le Bon Samaritain prend soin de l'homme qui souffre en versant de l'huile et du vin sur ses blessures. L'huile nous fait penser à ce qui est béni par l'évêque chaque année, lors de la messe chrismale du jeudi saint, précisément en vue de l'onction des malades. Le vin, en revanche, est le signe de l'amour et de la grâce du Christ qui jaillissent du don de sa vie pour nous et qui s'expriment dans toute leur richesse dans la vie sacramentelle de l'Église. Enfin, la personne qui souffre est confiée à un aubergiste, afin qu'il puisse continuer d'en prendre soin. Or, qui est cet aubergiste ? C'est l'Église, la communauté chrétienne, c'est nous, auxquels le Seigneur Jésus confie chaque jour ceux qui sont atteints dans leur corps et dans leur esprit, afin que nous puissions continuer à déverser sur eux, sans mesure, toute sa miséricorde et le salut.

Ce mandat est répété de façon explicite et précise dans la lettre de Jacques, où l'on recommande : « L'un de vous est malade ? Qu'il appelle les Anciens en fonction dans l'Église : ils prieront sur lui après lui avoir fait une onction d'huile au nom du Seigneur. Cette prière inspirée par la foi sauvera le malade : le Seigneur le relèvera et, s'il a commis des péchés, il recevra le pardon » (5,14-15). Il s'agit donc d'une pratique qui était déjà en cours au temps des apôtres. En effet, Jésus a enseigné à ses disciples à avoir la même prédilection pour les malades et pour les personnes qui souffrent et leur a transmis la capacité et le devoir de continuer à dispenser en son nom et selon son cœur soulagement et paix, à travers la grâce spéciale de ce sacrement. Mais cela ne doit pas nous faire tomber dans la recherche obsessionnelle du miracle ou dans la présomption de pouvoir toujours obtenir la guérison. Mais c'est la certitude de la proximité de Jésus avec le malade et la personne âgée, car chaque malade, chaque personne âgée de plus de soixante-cinq ans peut recevoir ce sacrement, à travers lequel c'est Jésus lui-même qui s'approche de nous.

En présence d'un malade, on pense parfois : « Appelons le prêtre pour qu'il vienne » — « Non, cela portera malheur, ne l'appelons pas » ou « Le malade va prendre peur. » Pourquoi pense-t-on cela ? Parce qu'on s'imagine qu'après le prêtre arrivent les pompes funèbres. Mais ce n'est pas vrai. Le prêtre vient pour aider le malade ou la personne âgée et, à travers lui, c'est Jésus lui-même qui vient soulager, donner la force, l'espérance, et aussi pardonner les péchés. Il ne faut pas en faire un tabou, car il est toujours beau de savoir qu'au moment de la douleur et de la maladie, nous ne sommes pas seuls : le prêtre et ceux qui sont présents au cours de l'onction des malades représentent en effet toute la communauté chrétienne qui, comme un unique corps, se rassemble autour de celui qui souffre et de sa famille, en nourrissant en eux la foi et l'espérance, et en les soutenant par la prière et la chaleur fraternelle. Mais le réconfort le plus grand vient du fait que c'est Jésus lui-même qui est présent dans le sacrement, qui nous prend par la main, nous caresse comme il le faisait avec les malades et nous rappelle que désormais nous lui appartenons et que rien — pas même le mal et la mort — ne pourra jamais nous séparer de Lui. Avons-nous l'habitude d'appeler le prêtre pour qu'il donne à nos malades et à nos personnes âgées ce sacrement, ce réconfort, cette force de Jésus pour aller de l'avant ? Faisons-le !

(Audience générale, place Saint-Pierre, mercredi 26 février 2014)

Table des matières

III

Aller trouver ceux qui souffrent

IV

Tout en Jésus parle de miséricorde

V
La douceur du regard de Marie

VI
L'Église, servante et médiatrice de l'amour

Cet ouvrage est imprimé sur un papier
certifié PEFC qui garantit la gestion durable
et responsable des ressources forestières.

Composition et mise en pages
Nord Compo à Villeneuve-d'Ascq

Achevé d'imprimer en France en janvier 2016
sur les presses de Normandie Roto Impression s.a.s.
61250 Lonrai
Dépôt légal : janvier 2016
N° d'impression : 1505337